아일랜드 명문 오닐 가

1500년
지속성장의 비밀

아일랜드 명문 오닐 가
1500년 지속성장의 비밀

초판 1쇄 인쇄 2009년 11월 16일
초판 1쇄 발행 2009년 11월 26일

지은이 전진문
펴낸이 신민식

출판2분사
편집장 고정란 편집 강정애
제작 이재승 송현주

펴낸곳 (주)위즈덤하우스
출판등록 2000년 5월 23일 제13-1071호
주소 (411-380) 경기도 고양시 일산동구 장항동 846번지 센트럴프라자 6층
전화 031-936-4000 팩스 031-903-3891
홈페이지 www.wisdomhouse.co.kr
출력 엔터 종이 화인페이퍼 인쇄 (주)현문 제본 신안제책사

ⓒ 전진문, 2009
ISBN 978-89-6086-213-5 03320

* 책 값은 뒤표지에 있습니다.
* 잘못된 책은 바꿔드립니다.
* 이 책의 전부 또는 일부 내용을 재사용하려면 반드시 사전에
  저작권자와 (주)위즈덤하우스 양측의 서면에 의한 동의를 받아야 합니다.

국립중앙도서관 출판시 도서목록(CIP)

아일랜드 명문 오닐 가 1500년 지속성장의 비밀 / 전진문 지음. --
고양 : 위즈덤하우스, 2009
    p. ; cm

참고문헌 수록
ISBN 978-89-6086-213-5 03320 : ₩12000

325.04-KDC4
650.1-DDC21   CIP2009003516

아일랜드 명문 오닐 가

1500년
지속성장의 비밀

전진문 지음

위즈덤하우스

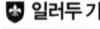 **일러두기**
이 책에 나오는 게일 어(아일랜드 어) 인명과 지명은 모두 영어식 발음을 따랐습니다.
따라서 전통 게일 어와 차이가 있을 수 있습니다.

오닐 가의 전설

붉은 손 이야기

기원전 10세기경 스페인 왕 밀레시우스Milesius는 26년간의 끔찍한 대기근의 고통 속에서 새로운 낙토樂土를 찾으려는 간절한 염원을 아들에게 물려주고 죽었다.

밀레시우스의 삼촌 이드Ith 또한 우여곡절 끝에 아일랜드를 발견했으나 곧 죽었다. 하지만 밀레시우스의 아들들은 그곳이 바로 그들의 조상 대대로 꿈꾸어왔던 천혜의 낙원임을 알고, 새로운 땅을 정복하기 위해 험난한 원정을 계획한다. 그리고 밀레시우스의 유지에 따라 '손이 먼저 닿는 사람'이 그 땅을 지배하기로 약속했다.

밀레시우스의 아들 헤레몬Heremon은 경쟁자와의 치열한 경쟁 끝에 한 발 뒤져 승리를 빼앗길 위기에 처했다. 바로 이 결정적인 순간에 헤레몬은 자신의 손목을 칼로 잘라 피 묻은 손을 힘차게 던짐으로써, 경쟁자보다 먼저 손이 육지에 닿게 하여 승자가 되었다.

헤레몬은 아일랜드의 왕이 되었고, 그를 비롯하여 밀레시우스의 후손들만이 왕이 될 자격을 가지고 아일랜드를 통치했다. 자랑스러운 헤레몬의 후손들은 피 묻은 붉은 손을 문장紋章 속에 그려 넣으므로써 조상의 빛나는 업적을 잊지 않았다.

머리말

위대한 가문을 만들어낸
희생과 용단의 붉은 손

경영학 중에서도 회계학을 전공한 나는 5년 전 『경주 최 부잣집 300년 부의 비밀』이라는 책을 쓰고 난 뒤 텔레비전이나 라디오, 신문, 잡지, 강연회 등에서 졸지에 부자와 노블리스 오블리주에 관하여 많은 이야기를 하고 글을 쓰게 되었다. 그러면서 모 월간지로부터 「전진문의 부자론」이라는 과분한 제목으로 칼럼을 쓰도록 권유받은 것이 계기가 되어, 동서고금의 부자와 지도자들과 관련된 글을 쓰고 연재하게 되었다. 이 책은 그때 연재한 내용과 조사했던 자료 중 하나였던 오닐 가문의 이야기를 다루고 있다. 오닐 가문은 아일랜드에서 1천5백 년 동안 번성했던 만큼 부자론 그 이상의 의미를 갖기에 별도의 지면을 할애하게 되었다.

동서고금의 수많은 부자들이나 여러 세대에 걸쳐 번성한 유명한 가문들의 이야기를 자세히 읽다 보면, 그들에게는 보통 사람들에게는 없는 독특한 특성이 있음을 발견할 수 있었다.

이러한 특성들을 어떻게 요약하여 재미있게 서술할 것인가를 곰곰이 생각하다가, 문득 오래전에 읽었던 '오닐 가의 전설'이라는 짤막한 이야기를 떠올렸다.

오닐 가의 드라마틱한 이야기를 통해서 나는 창업자나 지도자의 위대한 꿈과 고난을 엿보았다. 또한 조상이 이룩한 위대한 업적을 먼 후손에게까지 면면히 이어가는 그들의 슬기로운 지혜를 배우면서, 현대를 살아가는 우리들이 기억해야 할 메시지를 찾아내고자 했다. 옛날이나 지금이나 사람 살아가는 원리는 참으로 비슷하다. 다만 선인들의 이야기는 보석의 원석처럼 다듬어지지 않은 채, 적절하게 분류되거나 이름 붙여지지 않았을 뿐이었다. 그래서 오닐 가의 옛날이야기와 현대의 기업 이야기를 비교하여 샌드위치처럼 번갈아가면서 서술함으로써 맛있게 만들어보려고 노력했다.

오닐 가 이야기의 앞부분은 정규의 역사책에서는 찾을 수 없는 전설로, 북아일랜드 얼스터^{Ulster} 지방에서 전해오는 이야기이다. 여기서 특히 헤레몬의 붉은 손 이야기나 손 그림의 문장은 참으로 충격적이면서도 의미가 깊게 느껴졌다.

  오닐 가문에서 주장하고 있는 자료에는 밀레시우스로부터 시작하는 그들 조상의 행적을 기원전 10세기부터 1800년대 중반까지 기술하고 있다. 그런데 그것을 전부 곧이곧대로 믿기에는 거북한 점이 일부 있었고 연대가 맞지 않는 부분도 있었으며 자료마다 이름의 표기 철자가 약간씩 다르기도 했다. 그러나 나는 이 전설에 나오는 연대나 등장인물의 역사적 사실에 대한 진위여부를 따질 생각이 전혀 없다. 전설은 어디까지나 전설로써 우리에게 주는 메시지와 가치가 충분히 있기 때문이다.

  오닐이라는 성씨는 서양 가문 중에서 가장 오랜 역사를 가진 성씨 중의 하나이다. 우리나라의 경주 최 부자가 3백 년을 아름다운 부자로 버텨왔다면, 오늘 가문은 아무리 적게 잡아도 1천5백 년 이상 북아일랜드 얼스터 지방을 자랑스럽게 군림하며 지배했다.

한 가문이나 하나의 기업, 더 크게는 한 왕조가 '오래 살아남았다'는 사실은 그 자체만으로도 그리 간단하게 볼 것이 아니다. 거기에는 그 가문이나 기업 또는 왕조가 오랜 생명을 유지할 수 있도록 하는 위대한 지도자의 카리스마와 후손들의 숨은 노하우가 신비한 비밀의 DNA에 녹아 있는 것이다.

옛날이나 지금이나 하나의 업을 이룩한 사람은 보통 사람들보다 수십 배의 간절한 소망을 가지고 수백 배의 시련을 겪으면서, 결정적인 순간에는 자신의 가장 소중한 것을 아낌없이 던질 각오를 하면서 모든 열정을 다 쏟아부은 사람이었다. 그들에게는 자신의 세대만을 위해서가 아니라 먼 후손과 이웃에 이르기까지 펼쳐지기를 꿈꾸는 아름다운 비전이 있었고, 그들의 훌륭한 후손들은 묵묵히 이것을 잘 지켜오면서 조금씩 개선해왔기에 살아남을 수 있었다.

일찍이 당태종 이세민은 통일의 대업을 달성한 뒤 대신들에게 창업과 수성守成 중 어느 것이 더 어려운가를 물었다. 그때 방현령은 창업이 더 어렵다고 했고, 위징은 수성이 더 어렵다고 했다. 그렇다. 창업도 아무나 할 수 없을 만큼 어렵겠지만, 그 업을 지키는 수성은 창업보다 훨씬 더 어렵다고 할 수 있다. 창업 1세대에서 4세대까지 생존하는 기업은 0.15퍼센트에 불과하고, 무수한 벤처기업들이 등장하는 현대 기업의 평균 라이프사이클은 15년에 불과하다는 장수기업 연구자의 지적은 수성이 얼마나 어려운지를 잘 말해준다.

한때 번성하여 영원히 망하지 않을 것 같았던 가문이나 기업이 지금은 사라져버린 것을 보라. 환경의 변화 정보를 정확히 파악하여 이에 적응할 수 있도록 변신에 변신을 거듭하여 진

010 아일랜드 명문 오닐 가 1500년 지속성장의 비밀

화하지 않으면, 어느새 도태되고 마는 것이 냉혹한 자연의 법칙이다.

  나는 오닐 가의 전설을 통해 오늘날 창업을 꿈꾸는 모든 젊은이들, 수성을 하면서 더욱 발전시키려는 수많은 사람들 그리고 급변하는 환경 속에서 살아남기 위해 모험적 변신을 시도하는 용감한 도전자들에게 격려의 박수를 보내고 싶다. 그래서 그들이 당면하고 있는 오늘의 난관과 시련을 슬기롭게 이겨내고, 지속가능한 성장을 다시 이룰 수 있는 단 한마디의 신선한 메시지를 이 책에서 찾을 수 있게 되기를 바란다.

2009년 가을

전진문

차례

- 오늘 가의 전설 붉은 손 이야기 ··· 005
- 머리말 위대한 가문을 만들어낸 희생과 용단의 붉은 손 ··· 006

1 소중한 것을 희생하는 용단 – 용기

희생적 용단 ··· 017
선점하는 자가 승리한다 ··· 035
속도의 가치 ··· 049
힘이 역사를 바꾼다 ··· 054

2 낙토를 향한 간절한 꿈 – 비전

대를 이어 계승된 낙토의 꿈 ··· 067
꿈꾸는 자만이 성공할 수 있다 ··· 083
시련은 꿈을 더욱 단단하게 한다 ··· 098

3 유전자 만들기 – 핵심가치

상징으로 구심점을 만들다 ··· 109
모든 아들은 위대한 아버지를 닮고 싶어한다 ··· 123
목표는 진화한다 ··· 131
같은 곳을 바라보게 하는 힘 ··· 138

4 제도와 정보의 힘 – 시스템

조직과 제도의 정비 ··· 153
지도자의 조건 ··· 159
가공하지 못하는 정보는 힘이 약하다 ··· 163
보이지 않는 것을 보는 눈 ··· 170

5 변화, 생존의 법칙 – 이노베이션

변신의 속도가 느리면 살아남지 못한다 ··· 181
끊임없는 진화를 향해 ··· 207

● 참고자료 ··· 222

소중한 것을 희생하는 용단

용기

I

희생적 용단
선점하는 자가 승리한다
속도의 가치
힘이 역사를 바꾼다

heremon Ó Néill

헤레몬 오닐Heremon O'Neil은 자신의 오른손을 던져서 초대 아일랜드 국왕의 지위를 얻었다. 기원전 1015년 헤레몬 오닐이라는 노르만의 해적 두목은 북아일랜드의 해안 지방을 점거하기 위해 해상 원정대를 조직했다. 이 원정에는 이름은 전해오지 않으나, 또 한 사람의 북유럽 해적의 두목이 경쟁자로 있었다.

양쪽의 두목은 어느 쪽이든 간에 새 영토에 먼저 손이 닿는 사람이 그 나라의 국왕이 되기로 약속을 했다. 양편의 배는 동시에 출발하여 같은 때 목적지가 보이는 곳까지 왔다. 그러자 오닐의 상대방은 갑자기 속력을 내어서 앞서기 시작했다. 오닐의 군사들은 필사의 노력을 하였으나, 공은 빼앗기게 되었다.

오닐은 새 땅덩이가 손에서 빠져나가려는 것을 보자 엄청난 방법으로 그것을 막아내었다. 바로 자신의 오른손을 칼로 자른 것이다. 그리고 그는 피가 뚝뚝 떨어지는 손목을 뭍으로 향하여 커다란 포물선을 그리면서 던졌다. 던져진 그의 오른손은 경쟁자의 손을 간발의 차로 앞질러 육지에 닿았다. 헤레몬은 북아일랜드 얼스터의 초대 국왕이 되었고, 그로서 비롯한 오닐의 왕조는 오랫동안 얼스터 지방에 군림했다. 그리고 그의 피 묻은 오른손은 이 지방의 문장 속에 불후의 광휘를 남기고 있다.

― 『세계문장대백과사전2』(이어령 편), 「손」 중에서

희생적 용단

오래전에 나는 우연히 책을 읽다가 앞에 소개된 '헤레몬 오닐의 붉은 손'에 대한 이야기를 읽고 큰 충격에 빠졌던 적이 있다.

"어떻게 그럴 수 있을까!"

처음에 나는 헤레몬이 던진 피 묻은 손의 의미를 깊이 생각하지 않고, 그 손을 단순하게 '욕망의 손' 또는 '탐욕의 손'이라고 부르는 등 경멸의 눈으로 비하하며 신문 칼럼에 이 이야

※ 이 전설은 북아일랜드의 얼스터 지방에서 모르는 사람이 없을 정도로 잘 알려진 이야기이다. 오닐 가의 주장으로는 그 시기가 더 거슬러 올라가 기원전 15세기쯤이라고 한다. 하지만 공인된 역사책에서는 켈트 족이 아일랜드에 들어온 시기를 기원전 5세기경이라고 보고 있고 노르만 족이 들어온 시기를 10세기경으로 보기 때문에, 여기서 '노르만 족'이라고 한 것은 '켈트 족'을 잘못 적은 것으로 보여진다.

기를 잠시 소개한 적이 있었다. 그러나 이렇게 단순하게 부정적으로만 보기에는 못내 아쉬운 가치가 숨어 있는 듯하여, 이 이야기가 충격을 주는 이유를 좀 더 꼼꼼히 생각해보았다. 그 이유는 두 가지로 생각할 수 있었다. 하나는 아무도 생각하지 못했던 엉뚱한 방법 즉 '의외성'에 의한 충격이고, 또 하나는 보통 사람으로서는 도저히 견디기 어려운 고통을 이겨내는 씩씩하고 장한 마음, 즉 '비장함' 때문이라 할 것이다.

헤레몬은 누구인가? 그는 과연 노르만의 해적 두목인가? 이러한 궁금증이 계속 떠올라 여러 자료를 뒤졌지만 그때는 더 이상의 자료를 찾을 수 없었다. 하지만 이 이야기는 오래도록 나의 뇌리를 떠나지 않았다. 그 뒤 위대한 창업자나 지도자의 사례를 조사하면서, 그들 중에 헤레몬의 이야기와 흡사하게 결정적인 순간에 우리의 상식으로는 도저히 생각하지 못할 엄청난 일을 감행한 사람들이 많다는 사실을 알고 다시 눈을 부비고 주목하게 되었다. 한 가문이나 기업 또는 왕조가 새로운 땅에 뿌리박고 새로운 시대를 열어가기까지는 상상을 초월하는 고통이 영광의 밑그림 속에 숨어 있다는 사실을 알 수 있었다.

생각해보라. 당신이라면 아무리 탐나는 보물이라 하더라도 자신의 손목을 잘라 던져 그것을 차지할 수 있을까? 그 순간을 놓친다면 패배자로 영원히 잊혀질지도 모르는 바로 그 결정적인 순간에, 아픔을 삼키며 자신의 소중한 것을 희생하는 위대한 의사결정을 감행한 혜레몬을, 흔히 볼 수 있는 욕심 많은 지도자로 단순하게 생각해서는 안 된다는 것이다. 그의 후손들은 그의 용단이 단순히 개인의 영달을 목표로 하지 않았다는 것 때문에 더욱 자랑스럽게 생각하고 있으며, 이 '희생적 용단의 손'을 영광스러운 가문의 문장紋章 속에 그려 넣어 오늘날까지도 정신적 지표로 삼고 있다.

그 뒤 나는 그 이야기를 좀 더 추적해보려고 애썼지만 자료를 찾기 쉽지 않았다. 그러던 어느 날 인터넷을 검색하다가 우연히 북아일랜드 얼스터대학교의 아서 매케인 교수가 쓴 「얼스터의 붉은 손The Red Hand Of Ulster」이라는 짤막한 이야기를 읽을 수 있었다. 매케인은 전설에 가까운 그 이야기를 이렇게 재구성했다.

옛날 아주 먼 옛날, 얼스터라는 곳에 왕이 되고 싶은 두 명의 남자가 살았다. 그러나 두 사람이 동시에 왕이 될 수는 없었다.
한 사람의 이름은 더모트였다. 그는 키가 크고 몸이 여윈 사람이었다. 그는 달리기를 매우 잘했으며 말도 잘 탔다.

다른 한 사람의 이름은 오닐*이었다. 그는 짤막한 다리에 몸이 몹시 뚱뚱했다. 그의 턱에는 검게 기른 턱수염이 있었다. 오닐은 싸움을 잘하는 사람이었고 그도 역시 말을 잘 탔다. 여러 해 동안 두 사람은 서로 자신이 얼스터의 왕이 될 가장 적합한 사람이라고 주장했다.

"우리 가문은 여기서 천년이 넘게 살아왔어. 당신은 새로 온 사람이지 않은가. 그러므로 이 땅은 우리 가문의 땅이고 내가 왕이 되어야 해!" 더모트는 이렇게 주장했다.

"천만에, 그렇지 않아. 이 지역에는 내 편의 사람이 훨씬 많아. 그들은 모두 내가 왕이 되기를 바라고 있어. 그러므로 내가 왕이 되어야 해!" 오닐은 이렇게 말했다.

이러한 서로의 주장은 오랜 세월 동안 계속되었다. 때로는 그들을 추종하는 사람들끼리 전쟁을 하기도 했다.

이야기는 이렇게 시작되었다. 여기서는 앞의 이야기에서 이름을 알 수 없었던 또 한 사람의 경쟁자가 더모트Dermot라고 밝히고 있으며, 그는 이 땅에서 훨씬 더 오래 산 원주민이라고 말하고 있다. 반면에, 오닐은 늦게 들어온 이주민이면서 대중으로부터 지지를 많이 받는 사람인 것으로 나타내고 있다. 그 다

---

* 여기서 오닐은 오닐 가의 시조인 헤레몬을 말한다.

음에 계속되는 이야기를 간단히 요약하면 이렇다. 왕이 되고 싶은 둘은 끝없이 싸우게 되었고 지지자들끼리 사상자가 많이 나오자 드디어 아일랜드의 대왕이 둘을 불렀다. 그러고는 둘 중에 누가 왕이 될 것인지를 결정하도록 시합을 하라고 했다.

"이 싸움이 더 이상 계속되어서는 안 된다. 얼스터는 기름진 땅이다. 거기에는 좋은 농토가 있고 살기가 아주 좋은 곳이다. 전쟁은 누구에게도 좋지 못하다. 그러므로 두 사람 중 누가 얼스터의 왕이 될지를 합의하도록 하라."
그리고 다음과 같은 제안을 했다.
"나는 두 사람이 말 타기 시합을 했으면 좋겠다. 너희 둘은 모두 말을 잘 타는 사람이므로, 말 타기 시합이 두 사람 모두에게 공평하게 좋은 시합이라고 생각한다. 여기서의 승자가 얼스터의 왕이 될 것이다."

그렇게 하여 두 사람은 누가 얼스터의 왕이 될 것인지를 결정짓는 방법으로 말 타기 시합을 하는 데 합의했고, 아일랜드 대왕은 다음과 같이 말했다. 여기서 이러한 게임을 제안한 사람이 '아일랜드 대왕'이고 그들이 '말 타기 시합'을 했다는 사실에 주목할 필요가 있다.

"시합은 내일 아침 6시 정각에 시작될 것이다. 두 사람은 나의 이 성에서 출발할 것이다. 잘 들어라. 승자는 얼스터 땅에 가장 먼저 손이 닿는 사람이 될 것이다."

그리고 결정적인 조건은, 우승자는 '강을 건너서' 얼스터 땅에 '손이 가장 먼저 닿는 사람'으로 하고 이 시합의 조건에 이의 없이 동의하는지 다시 한 번 확인한 다음, 시합에 들어갔다. 이튿날 아침 일찍, 두 사람은 대왕의 성에서 출발하여 북쪽으로 달리기 시작했다. 두 사람은 서로 앞서거니 뒤서거니 하면서 죽을힘을 다해 달렸다. 매케인의 이야기는 다음의 구절로 마무리된다.

이제 경주의 마지막 부분이 된 것이다! 두 사람과 그들의 말은 더욱 더 빠르게 달렸다! 더 빠르게 더 빠르게 말을 몰았다! 두 사람은 깊은 강에 가까워지면 질수록 더욱 더 크게 고함을 질렀다! 드디어 더모트가 강에 먼저 도착했다. 그는 강둑에서 멈춰 서지 않았다. 그의 말은 큰 소리로 코울음을 한 번 울더니 바로 차가운 물속으로 뛰어 들어갔다. 헐떡거리는 말과 기수는 헤엄을 치기 시작했다. 강물은 차갑고 깊었다.

하지만 오닐의 생각은 달랐다. 그는 멈춰 서서 말에서 내렸다. 그리고 강둑에 우뚝 서서 더모트와 그의 말이 깊은 강을 헤엄쳐서 건너는 것을 바라보았다. 이제 그는 이 시합에서 진 것인가?

오닐은 왼손으로 칼을 뺐다. 그는 눈을 감았다. 그리고 칼을 머리 위로 높이 쳐들었다. 그에게는 오직 단 한 번의 기회만 남아 있을 뿐이다! 그 순간, 그는 왼손을 쳐들고 힘차게 내려쳐 오른손 손목을 끊었다. 피가 흐르는 손이 땅위에 떨어졌다. 사방에 붉은 피가 낭자했다!

곧 이어 피로 물든 손이 공중을 날았다. 피 묻은 손과 지친 기수를 태운 헐떡거리는 말 중에서 어느 것이 먼저 닿을 것인가? 오닐을 지지하는 사람들 몇몇이 얼스터 쪽에 서 있었다. "우리가 이겼다! 우리가 이겼다!" 그들은 그들의 지도자의 피 묻은 손이 강둑에 떨어지자 소리쳤다. "우리가 이겼다! 얼스터는 우리의 것이다!" 이렇게 이야기는 끝난다. 더모트와 그를 지지하는 사람들은 패배를 자인하고 서쪽으로 멀리 떠났다. 오닐은 얼스터의 왕이 되었다. 얼스터의 깃발에는 지금도 오닐의 붉은 손이 그려져 있다.

나는 이 짤막한 이야기를 읽고 흥분했다. 오래전에 충격을 받으며 읽다가 접어두었던 헤레몬의 '붉은 손'에 얽힌 비밀을 다시 추적할 수 있는 실마리를 찾은 것이었다. 그래서 아일랜드의 역사책을 몇 권 구해 보기도 했지만 공식적인 역사서에서는 헤레몬의 이 이야기를 찾아보기 어려웠다. 이러한 이야기는 우리나라에도 흔히 있는 민담이나 전설과 같은 것으로 민속학자들이 주로 관심을 갖는 것이다.

내가 이 이야기에 특별한 관심을 가진 이유는 지도자 헤레몬의 '의외성'과 '비장함'이 묘한 매력을 가지고 있고, 천년 이상 북아일랜드 얼스터 지방의 지배자로 군림해온 오닐 가문만의 독특한 성공 메시지가 이 이야기 속에 숨어 있음을 직감했기 때문이다. 또한 오늘날 수많은 기업의 창업자나 CEO 또는 지도자가 갖추고 있는 여러 가지 덕목과 유사한 모습이 다듬어지지 않은 보석의 원석처럼 그 속에 숨어 있는 것을 발견했기 때문이다. 옛날이나 지금이나 사람의 지혜는 놀랍도록 비슷하다. 다만 그때는 개념화되거나 이름 붙여지지 않았고, 분류되고 정리되지 않았을 뿐이다.

거의 다 진 시합에서 위기의 순간에 반전을 이루는 대목은 소름이 끼칠 정도가 아닌가! 경쟁자 더모트는 물론이고 누구도 그런 상황에서 손을 잘라 던진다는 건 상상도 하지 못했을 것이다. 아니, 설사 생각했다고 해도 실행에 옮길 수는 없었을 것이다. 이렇게 역사의 승자는 남들이 생각하는 그 이상을 생각하고 실천하는 사람인 것이다.

헤레몬은 아일랜드의 얼스터를 차지하고 지배자가 되기 위해 아무도 생각하지 못한 충격적인 방법을 선택했다. 그가 승리할 수 있었던 것은 단순히 힘이 세거나 속도가 빨랐기 때문만이 아니라, 결정적인 순간에 자신의 소중한 것을 내던질 줄 아는 용단 때문이라 할 수 있다. 그 누구도 생각하지 못한 방식으로.

이처럼 '의외성'은 새로운 영역을 개척하는 힘이 있다. 주위에서도 항상 엉뚱한 사람이 무언가 새로운 일을 만들어내고 새로운 먹잇감을 찾아내는 경우를 자주 볼 수 있다. 탁월한 예지로 우리의 생각의 지평을 넓혀준 독일의 지성인 프리더 라욱스만은 『세상을 바꾼 어리석은 생각들』이라는 책에서 '설탕통으로 가는 길을 찾은 개미들의 전략'이라는 우화를 통해 선구자들이 어떻게 불확실한 목표를 찾아가는지를 보여주고 있다. 그는 아파트를 잠시 비운 사이 부엌 바닥 벽면에 기대둔 설탕통에서 개미 떼가 설탕을 꺼내가는 모습을 꼼꼼히 관찰한 결과를 다음과 같이 적고 있다.

"선구자 개미가 처음에 벽을 타고 올라갔고, 그곳으로부터 벽에 기댄 설탕통의 경사진 면을 타고 올라가 결국 구멍이 뚫려 있는 설탕통 뚜껑에 도달한 것이다. 이 탐험 결과는 개미들이 서로 만날 때마다 회자되었고 그러면서 서서히 다른 개미들까지 몰려들어 대대적인 설탕 알갱이 운반 작업이 시작된 것이다."

여기서 관찰된 선구자 개미의 행태 속에서 우리는 헤레몬의 그 '의외성'이 들어 있는 것을 볼 수 있다. 그것을 라욱스만은 다음과 같이 말한다.

"여기서의 핵심은 바로 넓은 의미에서 평범한 개미이기를 거부한 개미들이 목표를 발견했다는 것이다! 어리석게 바닥에서 이리저리 헤매기만 한 다른 개미들은 성공하지 못했다. 아메리카 대륙도 마찬가지이다. 그저 집에만 머물러 있었던 자들이 발견한 것이 아니다. 집에는 단지 새로운 세상에서 노획해 온 보물을 숨길 수 있을 뿐이다. 세상은 영웅을 찬양한다. 무엇인가를 발견한 자는 영웅으로 숭배되지만, 그렇지 못한 자는 세상에서 잊힌다."

오로지 평탄한 길만 찾는 사람은 결코 우리의 먹이인 설탕통을 발견할 수 없을 것이다. 평범하게 바닥을 이리저리 기던 개미 중에서 어느 엉뚱한 개미가 대오를 이탈해서 위험한 벽을 기어오르고 더 높은 차원의 세계로 가다가 뚝 떨어진 곳이 바로 설탕통일 수 있다. 우리의 먹이는 그런 엉뚱한 선구자 개미들이 주로 발견한다. 도전을 인식하고 그에 대한 응전을 성공적으로 이끌어나갈 이러한 주체를 영국의 사학자 아놀드 토인비는 '창조적 소수'라고 불렀다. 이 창조적 소수가 역사의 흐름 속에서 집단의 존속과 발전을 이끌어가는 주체라는 것이다. 마치 헤레몬처럼. 엄연히 유럽의 동쪽에 있는 인도를 서쪽으로 항해해서 가겠다는 콜럼버스는 얼마나 뚱딴지 같은 사람이었던가!

'의외성'은 창업자에게 흔히 찾아볼 수 있는 특성인데, 이를테면 현대그룹의 창업자 정주영은 여러 측면에서 보통 사람으로서는 전혀 짐작하지 못하는 기발한 아이디어로 위기를 돌파한 사람이다.

정주영은 1975년 사우디아라비아 주베일 항 건설에 최저가인 9억3천만 달러로 세계적인 경쟁사를 물리치고 낙찰을 받았다. 그는 이 가격에 맞추기 위해 10층 빌딩만 한 철구조물 89개를 울산에서 제작하여 바지선에 싣고 보험도 들지 않은 채 현지까지 수송하는 모험을 감행했다. 업계에서는 하나같이 '무모한 짓'이라며 비웃었지만, 그는 전혀 엉뚱한 이 모험을 성공적으로 이루어냈다. 보험을 드는 대신 태풍으로 사고가 나도 철구조물이 바다 위에 떠 있도록 하는 특수공법을 구상했던 것이다. 당시로서는 이렇게 우리나라에서 제작하지 않고는 제작원가를 낮출 수 없었고, 원가를 낮추어 엄청나게 낮은 가격으로 입찰에 들어가지 않으면 결코 경쟁사에게 이겨 낙찰을 따낼 수 없었다.

기업에서의 이러한 '의외성'은 때로는 '역발상'이라는 이름으로 나타나기도 한다. 『회사의 운명을 바꾸는 역발상 마케팅』에서 여준상은 재미있는 사례를 제시하고 있다. 일반적인 상식으로는 경쟁이 치열한 '앙숙지간은 멀리 떨어져 있을수록 좋다'는 것인데, 이에 대한 역발상으로 '후발주자의 경우 선발주자 옆에서 후광효과를 누릴 수 있어 좋다'는 것이다. 그 예로 제일모직의 의류 브랜드인 빈폴의 전략을 들고 있다. 후발주자인 빈폴은 항상 유명 메이커인 폴로 바로 옆에 매장을 두고 인테리어나 가격 수준을 비슷하게 했다. 그렇게 함으로써 처음에는 후광효과를 누리면서 폴로의 우산효과 덕을 보았고, 지금은 두 브랜드 모두 서로에게 상호입증 효과를 발생시켜 신뢰를 얻고 있다는 것이다.

헤레몬의 행동에서 우리를 놀라게 하는 또 하나의 요소인 '비장함' 또한 창업자의 성공의 주요 요소이다. 자신의 힘으로 성공한 사람들은 거의 모두가 엄청난 실패와 시련을 참고 견뎌냈다는 것을 알 수 있다. 시련을 겪었다고 모두 부자가 되거나 성공하는 것은 물론 아니지만, 시련을 겪지 않고 자수성가

한 사람은 없다. 그러므로 시련은 성공하기 위한 충분조건은 되지 못하지만 하나의 필요조건이자 통과의례라고 말할 수 있다. 일찍이 맹자도 이 점을 지적했다.

"하늘이 어떤 사람에게 장차 큰 임무를 내리려고 하면 반드시 먼저 그 마음을 괴롭게 하며, 그 근육과 뼈를 수고롭게 하며, 그 신체를 굶주리게 하며, 그 몸을 부족하게 하여, 행동을 함에 있어서 그 하는 바를 혼란시키니, 이것은 마음을 분발시키고 성질을 참게 하여 자신의 능하지 못한 바를 더 보태주고자 해서이다 天將降大任於是人也 必先苦其心志 勞其筋骨 餓其體膚 空乏其身 行拂亂其所爲 所以動心忍性 增益其所不能."

일을 행해나가면서 부닥치는 신체적·정신적 고통을, 약점을 보완하는 계기로 인식한 맹자는 참으로 긍정적인 철인이었다.

동양 사상의 원류를 담았다고 할 수 있는 『주역』에서도 우주 자연의 법칙에는 벼락震·雷과 같은 진동이 반드시 있어야 한다고 보고 있다. 그래야만 우주 만물의 균형적 발전이 가능하다는 것이다. 폭풍이나 홍수가 한편으로는 농작물을 휩쓸고 집을 파괴하지만, 또 다른 한편으로는 새로운 창조를 위한 에너지를 부여해주기 때문에 반드시 나쁜 것만은 아니라는 것이다. 그래서 엄동설한을 견디고 경칩이 지나 첫 벼락 소리가 난 뒤에야 싹이 튼다는 말이 있다.

실제로 미국의 어떤 농화학자는 한 번 벼락이 치면 지면에 약 80만 톤의 자연비료가 생성된다고 주장하고 있다. 마찬가지로 가장 순수하고 단단하여 영롱한 빛을 내는 다이아몬드가 땅 속의 높은 지열과 지압 없이는 결코 이루어지지 않는다는 것도 비슷한 맥락으로 읽을 수 있다. 그래서 만 가지의 고통을 겪지 않으면 하나의 순수한 금강석이 나올 수 없다는 비유가 나온 것이다.

부자의 경우도 마찬가지라는 것을 많은 사례를 통해 알 수 있다.

일본의 전자회사인 교세라를 일군 이나모리 가즈오는 『카르마 경영』에서 "고통스러운 때일수록 그 고통은 영혼을 닦기 위한 시련이라고 생각해야 한다. 고통은 자기 자신의 인간성을 단련하기 위한 절호의 기회이기 때문이다"라고 말했다. 그는 또 "'안 된다' '무리다'라는 생각은 과정에 불과하다. 모든 노력을 다 쏟아부어 한계에 이르면 결국에는 성공하게 되어 있다"라고 말하기도 했다. 이나모리는 맹자의 앞의 말을 실증해 보인 것이다.

현대그룹의 창업자 정주영은 평생 허리 한번 제대로 못 펴고 죽도록 일해도 배불리 밥 한번 먹지 못하는 농부로서 고생만 하다가 일생을 끝마칠 신세를 생각하고 도시로 갈 결심을 했다. 그 뒤 정미소 배달, 자동차 수리공장 등을 거치면서 수많은 시련을 겪었지만 결코 좌절하지 않고 큰 업을 이루었다.

이와 비슷한 성공 사례는 매우 많다. 찢어질 듯한 가난을 이기려고 형님의 주머니에서 2원을 훔쳐 서울로 향했던 교보생명의 창업자 신용호는 시베리아와 중국을 13년 동안이나 방랑하면서 맨손가락으로 생나무를 뚫는 의지로 그 생활을 이겨나갔다. 코오롱그룹의 이동찬 전 회장은 포항에서 점원생활을 하다가 일본에 건너가서 야간학교를 다니며 꿈을 키웠다. 일본의 손정의는 리어카를 끌고 다니며 동네에서 남은 반찬을 모아 가축의 먹이로 사용했을 정도로 어렵게 살던 할머니 밑에서 '조센진'으로 천대를 받으며 자랐다. 하지만 언젠가는 출세해서 식구들을 편안히 살 수 있도록 하겠다고 다짐하여, 결국 일본 제일의 부자가 되었다.

도미노피자의 창업자 톰 모나건은 네 살 때 고아가 되었고 서른세 살에 도미노피자로 백만장자가 되었다. 어려서 부모를 잃고 고아원에서 자란 모나건은 사제가 되고 싶어 신학교에 진학했으나 실패했고, 해병대에 입대하여 모은 2천 달러를 석유장사꾼에게 투자했다가 몽땅 잃었다. 그 뒤 동생과 동업으로 피자집을 인수해, 피자 사업에 '무료배달시스템'을 접목시킴으로써 성공의 길로 들어섰다. 모나건은 새로 인수한 세 곳의 피자 가게의 수요를 맞추기 위해 일주일에 1백 시간을 일했다고 한다. 앨런 판함이 쓴 『위대한 성공 신화』에 의하면 그는 이렇게 회고했다고 한다.

"성공으로 가는 길에 나는 여덟, 아홉 번 좌절을 겪었는데 그중 두세 번은 심각했고 마지막은 정말 위험했다. 그 밖의 경우는 마지막에 비하면 길에 있는 돌부리에 발이 걸린 정도밖에 안 되었다. 하지만 나는 결코 내가 원하는 바대로 이루어질 거라는 기대를 버린 적이 없다." 그는 끝없는 시련을 겪으며 아홉 번 쓰러지고 열 번 일어났다.

실패는 누구에게나 있게 마련이다. 그리고 그 실패는 당하는 사람에게는 매우 혹독하다. 중요한 것은 실패를 어떻게 받아들이고 다시 일어서는가 하는 문제이다. 실패는 병을 일으키는 균처럼 그 자체를 없앨 수는 없다. 세상의 균은 결코 소탕되지 않는다. 건강한 사람은 무균자가 아니고 보균자다. 보균자는 몸에 늘 병원체를 지니고 있다는 말이다. 하지만 항상 몸을 보살피며 병원체를 이기는 사람이 바로 건강한 사람인 것이다.

실패는 성공이라는 동전의 뒷면이다. 희망이 보이지 않는 수많은 도전자들은 갖은 고생을 겪으면서도, 그 실패의 1센티미터 뒤에 황금 맥이 있었던 사례를 떠올림으로써 힘을 낼 수 있었다.

 일본 침탈시대에 광산왕 김태원은 금맥을 찾아 전국을 헤매면서 전 재산을 금정광산에 털어 넣고 마지막 남은 쌀 한 가마가 다 떨어져 갈 무렵에 노다지 금맥을 발견했다. 마찬가지로 1963년, 4년 동안 사막과 같은 황무지를 돌아다니며 유전을 찾던 폴 게티는 40년 동안 모은 2천1백만 달러 중에 2천만 달러를 날렸다. 파산이 다가왔지만 마지막 1백만 달러로 모험을 해보라는 친구의 충고를 받아들였다. 그는 60대의 나이였지만 마지막 모험에 전 재산을 걸었다. 그리고 한 곳을 집중적으로 파고들었으며 결국 유정이 터졌다. 김태원이나 폴 게티는 금맥과 유정 바로 가까이에서 포기할 지경에 이르렀지만 결코 좌절하지 않았다. 그들은 금맥이 터지고 유정이 솟을 때까지 실패를 계속했던 것이다.

 '인디언 기우제'라는 이야기가 있다. 이 우화는 어떤 인디언 부족이 기우제를 지내면 반드시 비가 온다는 이야기이다. 한 토속학자가 이 이야기를 듣고 그들의 행태를 조사해보았는데, 기우제를 지내는 시간이나 제물, 주문을 거는 말 등에서 다른 부족과 별다른 차이를 발견하지 못했다. 하지만 자세히 보니 이들은 비가 올 때까지 계속 기우제를 지냈던 것이다. 이 이야기는 성공한 사람들이 시련을 맞이하여 어떤 태도를 가졌는지를 설명하는 데 도움을 주고 있다. 수많은 시련을 겪으면서도 성공하지 못하고 실패한 사람이 대다수다. '인디언 기우제' 우화를 응용하여 허무 개그를 만든다면, '그들은 성공할 때까지 실패를 계속하지 않았을 뿐'이다.

 끝없는 도전. 칠전팔기. 그것만이 성공의 비결이다. 그 과정에서 때로는 움츠리고 때로는 걷고 때로는 달리며 끝없이 도전하는 것이다. 실패하고 난 뒤의 일시적 위축은 마치 '자벌레가 몸을 펼치기 위해 일시적으로 몸을 움츠리는 것'이라고 보면 된다. 가뭄이 드는 것은 피할 수 없는 자연 조건이고, 실패는 피할 수 없는 인간의 조건이다. 비가 올 때까지 계속 기우제를 올리면 결국에는 비가 오는 것과 같이, 성공할 때까지 포기하지 않고 계속 도전하면 결국에는 성공할 수밖에 없다는 것은 싱겁지만 너무나도 평범하고 당연한 진리이다.

선점하는 자가 승리한다

인간은 무엇을 근거로 '이것은 내 물건이다'라고 주장할 수 있는가를 일찍이 고민한 사람은 철학자 존 로크다. 로크는 어떤 물건을 직접 지배할 권리, 즉 소유권은 바로 '노동'에 의해서 결정된다고 말했다. 예를 들어 들판을 걷고 있던 여행자가 자생하는 사과를 발견하고 그것을 땄을 때, 그 사과는 여행자의 것이 된다. 즉, 자연에 존재해 있던 것을 따기 위해 최초로 '노동'을 제공했던 그 여행자에게 사과의 소유권이 발생한다는 것이다.

 인간들은 언제부터인가 이러한 소유권을 인정하는 것이 피나는 싸움을 줄이는 방법임을 깨달았다. 동물적인 약육강식의 시대를 지나 사유재산을 인정한 사실. 이것으로부터 인간은 다른 동물과 명확히 차별화되었고 경쟁적 발전의 획기적인 계기를 마련했으며, 결과적으로 부를 형성하는 기본조건이 되었다. 그것은 작게는 개인 간의 싸움과 크게는 국가 간의 전쟁을 피하는 현명한 방법이었지만, 어디까지나 서로의 힘이 대등할 때 그러했다. 서로 간의 힘의 균형이 깨어지면 언제라도 옛날에 가졌던 약육강식의 동물적 본능이 되살아나는 것이다.

『부의 탄생』을 쓴 윌리엄 번스타인은 인간에게 이러한 '사유재산권'이 보장되면서부터 부자가 생겨났고, 이와 함께 과학적 합리주의, 자본시장, 빠른 통신과 수송의 네 가지 요소가 국부國富라는 테이블을 지탱하는 네 가지 다리라고 말한 바 있다.

다른 세 가지에는 다소 의견이 다를 수 있지만 사유재산제가 부의 출발인 것은 분명하다. 원시 수렵·채취 시대에는 부자가 따로 있을 리 없었다. 사람들은 배가 고프면 언제든지 열매를 따 먹거나 동물을 잡아먹을 수 있었다. 하지만 인구가 점차 늘고 먹이가 부족하자 먹이를 찾아 새로운 땅으로 이동하게 되었으며, 여기서 자연히 다른 부족들과 맞닥뜨리게 되고 피나는 투쟁이 벌어졌다. 이때 부족 중에서 가장 힘세고 지혜로운 사람이 선두에 서서 싸워 경쟁 부족을 물리치고 땅과 재산을 빼앗아 정복자가 되었고, 정복자는 자신의 부족에게 추대되어 왕이 되었다. 왕은 자신의 부족을 부양하기 위해 항상 더 많은 땅을 확보해야만 했다. 부자가 된 왕은 노획한 땅과 재물 그리고 노예를 친척과 부하들에게 나누어주고 충성을 요구했으며, 막강한 권력으로 그들의 재산을 보호해주기로 한 약속의 대가로 세금을 바치게 했다. 사유재산권의 인정과 보호는 왕의 권능이었고, 이러한 사유재산권의 인정으로부터 부자가 탄생되었다.

사유재산제도가 확립되기 전까지는 힘이 센 사람이 힘이 약한 사람의 것을 강제로 탈취하는 방식으로 부를 불려갔다. 이러한 강탈의 방식은 고도로 문명이 발달한 지금도 여전히 그 잔재가 남아 있다. 그러나 많은 경험을 통해 '강탈'에는 엄청난 저항으로 인한 희생이 뒤따른다는 것을 알았다. 그들은 이제 각자가 먼저 취득하여 가진 사유재산을 인정하는 것이 서로에게 도움이 된다는 것을 알게 되었다.

이처럼 사유재산제도는 힘센 사람이 힘이 약한 사람에게 베풀어주는 것이었다. 그렇게 해서 나타난 방법이 사유재산제도였고, 그들은 각자가 가진 재산을 서로 교환함으로써 만족을 증가시켰다. 이렇게 물물교환이 시작되면서 수요자와 공급자가 교환하기 위해 만나는 곳이 '시장'이었고 시장을 중심으로 문명이 형성되었다.

제2차 세계대전 뒤 더 이상 전쟁을 하지 않고 국제간의 모든 분쟁을 평화적으로 해결하기 위해 유엔이 탄생되었으나, 지구상에 크고 작은 전쟁은 계속되었다. 마찬가지로 기업윤리가 어느 정도 확립되었다고 자부하는 오늘날에도 절대적으로 힘이 센 대기업이 힘없는 중소규모 기업을 호시탐탐 노리고 있는 예가 한두 가지가 아님은 우리 모두가 잘 안다.

경쟁 집단의 세력이 팽팽하게 맞서 우열을 가리기가 어려울 때는 규칙을 정해 놓은 게임에 의해 승부를 결정짓는 것이 서로 간의 피해를 최소한으로 줄이는 현명한 방법이다.

'손이 먼저 닿는 사람이 땅을 가진다'는 조건으로 게임을 했다는 것은 그 자체가 경쟁자들을 서로 대등한 위치로 인정했다는 것을 의미한다. 그러므로 경쟁에서 진 더모트를 매케인의 이야기에서처럼 그 땅에서 천년 이상 살아온 원주민이라 보기는 어렵다. 그렇다면 더모트는 누구였을까? 그는 아마 유럽대륙에서 같이 넘어온 또 다른 켈트 족이거나 가까운 형제였을 가능성이 있다.

헤레몬의 이야기에서 볼 수 있는 선점 인정 관습은 오늘날 '특허권' 제도를 통해 잘 계승되고 있다. 우리나라의 오래된 속담에도 '주인 없는 물건은 먼저 본 사람이 임자'라는 말이 있듯이, 금광의 채굴권이나 새로운 기술, 혹은 지적재산권과 같은 특별한 무형자산은 경쟁자보다 1시간 아니 단 1분이라도 빨리 발견·발명하고 등록하여 특허권을 인정받으면 독점적 지위를 얻게 되는 것이다. 이곳은 법적으로 보장된 경쟁이 없는 블루오션 지역이다. 또한 대등한 힘을 가진 경쟁자끼리의 투쟁을 줄이고 선의의 경쟁을 부추기기 위해 고대로부터 내려오는 지혜로운 방법이다. 오늘날에도 이러한 특허권을 얻으려고 늦은 밤의 연구실에서는 불이 꺼지지 않고, 판매 현장에서는 한걸음 더 소비자에게 다가가려고 피나게 경쟁하고 있다. 이런 사람들의 모습은 헤레몬 오닐의 붉은 손과 다르지 않을 것이다. 이와 같은 지적재산권 보호제도는 산업과 문화가 고도로 발달함에 따라 창작자를 보호하고 격려하여 경쟁적으로 더 좋은 정신적 창작을 이루게 함으로써 문명을 고도화시키기 위한 방법이다.

성공한 사람들에게 나타나는 공통적인 특성으로 '성실성'이나 '근검절약' '창의성' 등과 같은 여러 가지 요인을 들 수 있다. 사람이나 상황에 따라 다를 수 있지만 또 다른 측면에서 본다면 그들 모두가 어떤 목표에 경쟁자보다 먼저 손이 닿았고, 이 '선점'으로 그들은 특허권과 같은 배타적 독점권을 누리며 지배해왔다. 그러므로 선점이야말로 가장 두드러진 또 하나의 승자의 특징이라고 할 수 있다.

후발기업들의 추격과 추월을 명쾌하게 설명한 책으로 이근 등이 쓴 『기업 간 추격의 경제학』을 보면, NHN과 구글, 포스코와 신일본제철, 삼성전자와 소니 등과 같은 기업들의 숨 막히는 경쟁을 소상하게 보여주고 있다. 특히 '특허'의 건수로 추격해가는 과정은 매우 흥미롭다.

미국 특허청에 2005년 5월까지 출원한 항목에서 'Samsung'과 'Sony'로 검색한 특허건수는 16,511건과 21,238건으로 전체적으로는 소니가 훨씬 많았다. 하지만 2000년 이후부터는 삼성이 특허등록과 발명의 건수가 양적으로 확실히 앞서고 있다. 또한 특허 평균피인용 횟수를 분석하여 질적으로도 오히려 소니가 삼성전자에 의존하고 있음을 찾아내어, 삼성이 소니의 기술을 모방·응용하는 단계를 벗어나 대등한 기술수준에 있음을 밝히고 있다. 삼성전자가 소니의 매출액을 따라잡은 것은 2003년 후반기부터이므로, 이것은 바로 기술역량의 우위를 나타낸 확실한 증거라 할 수 있다.

앞의 이야기에서 레이스 속도는 더 빨랐지만 최종 경쟁에서는 아슬아슬하게 역전되는 더모트의 사례는 현실에서도 종종 발견할 수 있다. 즉, 속도가 기본적으로 중요하지만 결정적인 순간에는 '희생적 용단'이 더해져야 한다는 것이다. 그렇다. 최종적인 마무리 시점에서 선점을 위해서는 속도와 함께 헤레몬 오닐과 같은 특별한 희생과 용단이 없으면 결코 최후의 승자가 될 수 없는 것이다. 꿈을 현실로 만들기 위해서는 무언가 결정적인 대가를 치르게 마련인 것이다. 이를테면, 마이크로소프트의 빌 게이츠나 아마존의 제프 베조스가 바로 희생적 용단을 감행한 현대의 헤레몬이라 할 수 있다. 어떤 면에서 그렇게 볼 수 있을까?

빌 게이츠는 하버드대학교를 다닐 때 세미나보다는 새로운 미지의 영토인 컴퓨터프로그램에 더 열중했고, 컴퓨터에 몰입한 지 2년도 채 안 된 1975년에 회사를 차리고 학교를 그만두었다. 당시만 하더라도 하버드 졸업장은 그 자체로 장래가 보장되던 시절이었다. 제프 베조스도 마찬가지로 일찍이 인터넷의 위력을 알아봤다. 그가 미지의 사이버 공간인 인터넷에 모험의 손을 던진 해는 월드와이드웹www이 나온 지 2년 뒤인 1993년이었다. 베조스는 세계에서 가장 긴 강인 아마존을 사이버 북스토어의 이름으로 짓고, 여기에 손을 먼저 닿기 위해 연봉 1백만 달러짜리의 직장에 과감히 사표를 던진 것이다.

이것은 놀라운 용단이라 할 수 있다. 그들은 장래가 보장된 하버드 졸업장과 1백만 달러 연봉을 과감히 포기했다. 빌 게이츠나 베조스는 보다 큰 것을 위해 기꺼이 작은 것을 희생했다. 그리고 결정적인 순간에 미래의 기회를 위해 안전한 현재를 과감히 희생한 것이 그 옛날의 헤레몬과 흡사하다.

더 정확하게 말하여, 빌 게이츠가 결정적인 손을 던진 것은 1980년 여름 IBM에서 새로 출시하는 PC의 운영시스템을 의뢰받았을 때다. 그가 MS-DOS를 만든 이야기는 너무나 유명하다. 여기서 관심 있게 봐야 할 점은 빌 게이츠가 그것을 처음 만들지 않았다는 사실이다. 그럼 누가 만들었을까? IBM으로부터 처음 자문을 받았을 때, 그는 당시 이 분야의 전문가였던 게리 킬달과 의논해보라고 권했다. 그런데 킬달은 IBM을 무시하고 휴가를 얻어 열기구 여행을 떠나버렸다. IBM은 할 수 없이 다시 빌 게이츠에게 부탁했고, 게이츠는 시애틀 컴퓨터 프로덕츠가 개발한 운영시스템을 5만 달러에 사서 이를 수정하여 MS-DOS를 만든 것이다.

특정한 경쟁자는 없었지만 결정적인 순간에 자신의 소중한 것을 희생함으로써 신용을 얻고 목표를 달성한 다음과 같은 예도 있다. 로스차일드 가문의 창업자 마이어 암셸 로스차일드는 독일 프랑크푸르트에서 태어나 프랑스 대혁명과 나폴레옹 시대의 혼란기에 헤센의 영주 빌헬름 9세의 재정 관리를 하며 거대한 부를 쌓아갔다. 로스차일드가 빌헬름 백작의 재산 관리인이 되는 결정적인 계기는 다음과 같은 전설적인 이야기에서 찾을 수 있다.

나폴레옹의 반대편에 섰던 빌헬름은 프랑스군이 프랑크푸르트에 진격해 올 때 중요한 서류와 재물을 마이어에게 맡겼다. 로스차일드는 이 재물을 그의 정원 한구석에 파묻었으나, 자신의 상품과 재물은 숨기지 않았다. 만약 자신의 재산까지 숨겼다면 의심을 사 엄격한 수색으로 끝내는 빌헬름 백작의 재물까지도 빼앗겼을 것이다. 프랑스군이 떠난 뒤 로스차일드는 숨겨놓은 빌헬름의 돈으로 소규모 금융업을 시작해서 다시 부를 일궜다. 전쟁이 끝나고 빌헬름 백작이 돌아왔을 때 마이어가 그의 재산에다 이자를 더해 돌려주려고 하자, 빌헬름은 이렇게 말했다고 『로스차일드』 전기를 쓴 데릭 윌슨은 쓰고 있다.

"그대가 정직하게 얹어주는 이자도, 아니 원금도 되돌려 받을 생각이 없다. 이자 따위, 그대가 내 재산을 구하기 위해 잃은 것에 비하면 하찮겠지. 내 돈은 앞으로 20년 동안 2퍼센트 이하의 이자로 그대에게 맡기겠다."

로스차일드는 이를 계기로 신용을 얻어 금융업을 성공으로 이끈 것이다. 여기서 로스차일드는 마치 헤레몬과 같이 자신의 재산을 포기함으로써 보다 소중한 '신용'을 얻어 금융의 재벌가로 발전하는 계기를 만들었다.

후발주자가 선두주자를 따라잡은 또 하나의 사례로, 스코틀랜드의 발명가 제임스 와트와 영국 중부지방 출신의 사업가 매튜 볼턴이 기술과 자본을 합쳐 영국의 산업혁명을 가동시킨 것은 너무나 유명한 이야기이다.

와트가 어느 날 난로 위의 찻주전자 뚜껑이 들썩거리는 것을 보고 기술적인 영감을 얻었다는 이야기는 그야말로 누군가가 재미있게 꾸며낸 이야기에 불과하다. 와트가 살던 시절에 이미 전국에 토머스 뉴커먼이 발명한 1백여 대의 증기기관이 갱도에서 양수작업을 하고 있었던 것이다. 와트는 뉴커먼 증기기관의 증기 낭비를 줄이고 열효율을 높이는 역할을 했다. 글래스고대학교에서 악기 제작자로 일하고 있던 와트가 뉴커먼 증기기관을 수리해달라고 부탁받았을 때, 그는 수리뿐만 아니라 기능을 개선하여 75퍼센트 정도 효율을 높여 석탄 소비를 줄이고 동력을 더 많이 얻을 수 있게 만든 것이다.

이 기술은 특허권을 얻었고 광산 소유자이자 볼턴의 친구인 제임스 로벅이 자금을 지원하였기 때문에 그가 3분의 2의 권리를 가졌다. 그 뒤 로벅의 사업이 망하자 특허권은 볼턴에게 넘어갔고, 볼턴이 와트를 만났을 때 이 특허권은 이미 시효가 만료되어 가고 있던 상황이었다. 하지만 볼턴은 인맥을 움직여 법을 고침으로써, 특허권을 18세기 말까지로 다시 연장시켰다. 볼턴이 큰돈을 번 것은 두말할 필요도 없다. 볼턴은 "온 세계가 원하는 것을 내가 팔 것입니다. 그것은 힘^{power}입니다!"라고 말했다. 여기에서 파워는 증기기관의 '힘'과 '권력'을 동시에 의미하는 것이었다.

이 경우를 자세히 보면, 증기기관은 와트 이전에 뉴커먼이 이미 만들어 놓았는데 후발주자인 와트가 '획기적으로 효율을 높임'으로써 순위가 바뀐 것이다. 이와 같이 훌륭한 발명을 먼저 해놓고도 효율이 떨어져 경제성이 없는 경우는 오늘날에도 수없이 많다. 그러므로 발명도 중요하지만 최종적으로 현실에 적용할 수 있도록 효율을 높이고 상품화하는 마지막 단계까지 최선을 다하지 않으면 승자의 자리를 빼앗기고 만다.

와트를 지원한 로벅과 볼턴의 경우도 마찬가지이다. 로벅이 먼저 자금을 지원하여 특허권을 가졌으나 다른 사업 실패로 특허권이 볼턴에게 넘어갔고, 결정적으로는 볼턴이 그 특허권을 '18세기 말까지로 연장'시켰기 때문에 성공할 수 있었다. 바로 이 연장 시점에서 수요가 폭발했던 것이다. 볼턴은 인맥을 동원하여 법을 고쳐서까지 특허권을 연장시켰다. 효율성을 획기적으로 높이고 수요의 타이밍에 절묘하게 잘 맞아떨어지게 특허권을 연장시킨 것, 그것이 와트와 볼턴을 최종적인 승자로 만들었다.

이와는 반대로, 멀쩡하게 먼저 발견하거나 발명하고도 결정적인 순간에 마무리를 소홀히 함으로써 마지막 승리의 자리를 경쟁자에게 빼앗긴 억울한 사례도 우리 주위에는 많다. 물론 이것은 지금의 윤리로 보면 있을 수 없는 부정직한 것으로 비난받아 마땅하다. 그러나 이런 사례는 과거에도 분명히 있었고, 지금도 벌어지고 있으며, 미래에도 있을 수 있는 것이 바로 현실이다. 하지만 분명한 것은 이렇게 명분을 잃어버린 승리는 오래 버티지 못한다는 사실이다.

백열등을 발명한 토머스 에디슨은 어둠을 몰아내는 '기적의 마법사'로 불렸지만, 엄밀히 말해서 처음 전기 조명장치를 발명한 것은 그가 아니었다. 에디슨이 태어나기 40년 전인 1806년에 이미 영국의 험프리 데이비가 전등 시연회를 선보였고, 그 이후에 수많은 사람들이 이를 개량했다. 1878년 에디슨은 코네티컷의 윌리엄 윌리스의 작업실에서 한 줄로 늘어선 여덟 개의 램프에 전력을 공급하는 아크 램프 발전 시스템을 보고 아이디어를 얻어 '강렬한 빛 덩어리를 분할하는 기술'을 개발했다. 이것이 바로 백열등이 되었으며 오늘날 미국 최대 기업인 GE를 창업하게 한 원천적 발명품이었던 것이다. 그러므로 원천적인 아이디어에서 한 걸음 더 나아간 기술로 결정적인 마무리를 하지 않으면, 영광의 과실을 빼앗길 수 있다는 점을 기억할 필요가 있다.

이러한 예는 얼마든지 더 있다. 현대생활에서 없어서는 안 될 전화기를 발명한 사람이 알렉산더 그레이엄 벨이라는 사실은 상식에 속한다. 그러나 진짜로 전화를 발명한 사람은 이탈리아계 미국인 안토니오 메우치였다. 발성기관 생리학을 연구하던 벨은 메우치의 실험실에서 함께 일하면서 전화기를 처음 보았고, 메우치는 1871년에 특허를 등록한 상태였다. 그러나 그 특허는 1874년에 효력이 정지되었고, 경제적으로 어려움을 겪던 메우치는 특허를 연장하는 데 소홀했다. 1876년에 벨이 특허를 등록하자 메우치는 사기 혐의로 그를 고소했지만, 그 소송은 메우치가 죽을 때까지 판결이 나지 않았다. 벨에게는 행운도 따랐다. 엘리사 그레이라는 전기공학과 교수가 특허신청서를 들고 특허청에 도착했을 때, 불과 2시간 전에 벨이 특허신청을 하고 갔던 것이다. 마무리를 잘한 벨은 부와 명성을 얻었고, 1922년 그가 숨을 거두자 미국의 전화국들은 1천4백만 전화회선을 1분간 정지시키고 그의 죽음을 애도했다.

우리나라에서도 일연선사가 지은 『삼국유사』*에 신라의 4대 왕인 석탈해가 교묘한 방법으로 반월성을 차지하는 이야기가 나온다.

석탈해가 지팡이를 짚고 노비 두 명을 데리고 토함산 위로

---

* 권1 기이(紀異) 제1 제4대 탈해왕(脫解王) 편

올라가 돌무덤을 만들었다. 그곳에서 7일 동안 머물면서 성안의 살 만한 곳을 살펴보니, 초사흘 달 모양의 봉우리 하나가 있어 오래 살 만하였다. 그래서 내려가 살펴보니 바로 호공의 집이었다. 그는 곧 계책을 써서 몰래 그 옆에다 숫돌과 숯을 묻고 다음날 이른 아침에 그 집에 가서 말했다. "여기는 우리 조상이 대대로 살던 집이오." 그러나 호공은 그렇지 않다고 했다. 이들은 다툼이 결판나지 않자 관청까지 가게 되었다. 관청에서 "무슨 근거로 너의 집이라고 하느냐?"고 묻자 석탈해가 말했다. "우리 조상은 본래 대장장이였는데, 잠깐 이웃 고을에 간 사이에 그가 빼앗아 살고 있는 것입니다. 땅을 파서 조사해 보십시오." 석탈해의 말대로 땅을 파보니 과연 숫돌과 숯이 나왔고, 그 결과 석탈해는 그 집을 빼앗아 살게 되었다. 이때 남해왕은 석탈해가 지혜로운 사람임을 알아보고 맏공주로 아내를 삼게 하였고, 그는 나중에 신라의 제4대왕에 오르게 된다.

 이 이야기에서도 석탈해가 반월성의 그 땅을 먼저 차지했다는 것을 증거로 보임으로써 비록 그 증거가 거짓이었지만 기득권을 인정받은 것으로 보아, 그 당시에도 이미 사유재산권이 제도화되었음을 짐작할 수 있다.

속도의 가치

그렇다면 선점을 위해서는 무엇이 필요한가?

속도가 필수적이다. 앞의 이야기에서 헤레몬이 결정적인 순간에 용단을 내려 더모트를 물리치고 승자가 되었지만, 이러한 용단도 아슬아슬하게 순위를 다툴 때만 유효한 것임은 두말할 필요도 없다. 결정적인 순간에 두 사람 간의 거리가 이미 많이 벌어져 도저히 따라잡기 어려운 상태에 있었다면, 아무리 용단을 내려도 결코 승자가 될 수는 없는 것이다.

속도는 왜 중요한가? 그것은 인간이 유한한 시간과 공간 속에서 살아가는 존재이기 때문이다. 만약 우리의 생명이 유한하지 않다고 해보자. 이를테면 천국을 상상해보라. 거기에서 무슨 바쁠 일이 있겠는가. 우리가 살아 있는 시간이 유한하기 때문에 시간은 소중하고 속도는 결정적 가치를 가지는 것이다. 속도는 한정된 시간을 더욱 여유롭게 만들고 한정된 공간을 더 넓게 사용할 수 있도록 한다.

기업 성공의 핵심적 요인을 지식경영[K], 자원경영[R], 권력경영[P]으로 보아 KRP경영을 주장한 서울대학교 신유근 교수는, 시간은 중요한 희소자원이고 시간 관리에 따라 성과의 차이가 나타나며 성패가 결정됨을 지적하고 있다. 그래서 속도는 이제 우리 시대의 슬로건으로 자리 잡았다. 즉 속도와 적응은 기업의 생존 조건이 되었고, '스피드 경영'이 강조되며, 신제품의 적기개발에 따른 선점기회의 확보는 기업경쟁력의 주요 요인이 된 것이다.

빌 게이츠는 일찍이 속도의 경제성을 충분히 알고, 결정적인 순간을 놓치지 않았다. 그는 『빌 게이츠 @ 생각의 속도』를 쓰면서 21세기는 속도의 시대가 될 것임을 일찌감치 예고했다. 그렇다. 스피드는 선점을 위한 필요조건이다. 경쟁이 있는 곳에는 어디서나 더 빠른 기동력을 가진 자가 경쟁자를 물리친다. 일찍이 유럽대륙에서 알렉산더 대왕이 그랬고, 아시아에서 칭기스칸이 그랬다.

월마트의 창업자 샘 월튼은 스피드 경영의 중요성을 잘 알았기 때문에 일이 지연되는 것을 참지 못했다. 그는 자주 충동적인 결정을 내렸는데, 결과적으로 그것은 다른 세계를 정복할 수 있도록 발걸음을 옮기게 해주었다. 그에게는 속도가 핵심이었다. 한때 컴퓨터를 가장 많이 판 사람이었던 마이클 델 또한 누구보다도 속도의 가치를 인식한 사람이었다. 그는 이렇게 말했다. "나는 2년 늦게 100퍼센트 완벽해진 다음에 1등이 되는 것보다, 비록 잘못될 가능성이 있는 상태라 하더라도 지금 현재 1등이 되는 것이 더 낫다고 생각한다."

60년대 이후의 우리나라 국민성을 나타내는 대표적 특성으로 '빨리빨리'를 들면서 어디에서나 볼 수 있는 이 '조급함'을 비난조로 비판하는 사람들에게 나는 정중히 반론을 펴고 싶다. 물론 지나치게 조급하고 매사에 여유가 없는 것은 반성해야겠지만, 바로 그런 속도가치에 대한 인식이 없었더라면 우리는 결코 국제 경쟁에서 이길 수 없었을 것이다. '빨리빨리 정신'이 오늘날 이만큼이라도 살게 만든 원동력이 아니냐고 조심스럽게 말하고 싶다.

"해보기나 했어?"라는 '행동주의'적 반문으로 대변되는 정주영의 거의 모든 경영 정책의 저변에는 '속도' 개념이 깔려 있다. 그의 자서전 『시련은 있어도 실패는 없다』에서 일관되게 나타나는 정신은, 근검절약과 성실성의 바탕 위에 기회를 포착하는 뛰어난 창의력과 이를 빠른 시간에 실천에 옮기고 완성할 수 있는 행동력이라 할 수 있다.

현대건설은 1953년 한강인도교 공사를 수주하면서 본격적으로 부상하기 시작했고, 이후 소양감댐 건설, 고속도로 건설, 호남비료공장 등의 건설과 국내 최초로 1967년 태국의 고속도로 건설로 급성장하기 시작했다. 이 모든 공사에서 속도는 중요한 요소였다. 특히 경부고속도로 건설공사 중 당제터널 공사에서 그 예를 찾아볼 수 있다.

경부고속도로 중에서 가장 어려웠던 공사구간이 바로 이 당제터널 공사였는데, 공사기간을 단축하기 위해 앞과 뒤에서 동시에 파고 들어가 중간지점에서 만나면서 개통하는 공법을 사용했다. 매우 어려운 공사여서 정주영은 그곳에 상주하면서 공사를 진행시켰다. 이 공사를 위해서 그 당시 호황을 누리고 있던 단양 시멘트 공장의 일반 시멘트 생산을 중단시키고 터널공사에 필요한 조강시멘트 생산체제로 전환시키고, 전국의 현대건설 공사장의 공사를 중지하면서까지 현대건설의 전 트럭을 동원하여 목표 완공일에 맞춰 터널을 개통시키는 데 성공했다.

밀크셰이크를 만드는 믹서를 판매하던 레이 크록은 출장을 다니면서, 유독 캘리포니아 주에서 햄버거를 파는 맥도날드 형제의 가게에 매일 점심때면 20미터가 넘게 긴 줄이 판매대 앞에 늘어선 것을 보고 한 가지 아이디어를 떠올렸다. 가게 직원의 행동반경과 동선에 대한 꼼꼼한 계산, 기계적인 분업 그리고 잘 정돈된 조리기구로 빠른 서비스 방식을 만들어낸다는 것이다. 그것은 포드가 개발한 일관 생산공정을 음식점 영업에 도입하여, 극히 평범한 드라이브 인 음식점을 패스트푸드 고객을 위한 공장으로 탈바꿈시켰다. 1961년 크록은 맥도날드 창립자에게 270만 달러라는 엄청난 돈으로 그들의 이름을 사서 세계화의 상징이 된 오늘날의 맥도날드를 이루었다. 크록의 생각 속에는 '속도'가 있었고 이 속도는 '표준화'를 이루었다.

힘이 역사를 바꾼다

 이렇게 중요한 속도를 결정짓는 요인은 무엇인가? 속도는 누가 더 빠른 동력원을 가지느냐에 달려 있다. 그래서 고대에는 기마민족이 농경민족을 지배하게 된다. 아일랜드의 역사도 인류의 역사와 마찬가지로 해양에서의 동력원의 변천과 밀접하게 관련되어 있다. 육지에서 빠른 기마민족이 대륙을 정복했듯이, 바다에서는 빠르고 튼튼한 함선을 가진 자가 섬이나 신대륙의 정복자가 되었다.

 켈트 족, 바이킹 족, 노르만 족이 점점 더 빠르고 강한 배를 타고 아일랜드로 연이어 들어왔다. 처음에는 순전히 사람의 힘으로만 노를 저었지만, 차츰 바람의 힘과 조류의 흐름을 함께 이용한 범선으로 속도가 상당히 빨라지게 되었다. 그리고 결정적으로 증기기관의 발달로 엔진에 의한 속도와 힘은 상상을 초월하는 무한동력이 되어 많은 사람과 무기를 실을 수 있는 거함을 출현시키고, 드디어 영국이 세계를 지배하게 된다.

동력원 즉, 힘power이 역사를 바꾼다. 고대의 동력원은 기본적으로 사람의 힘이었고, 여기에다 풍력과 조력을 보조적으로 썼다. 그 다음으로 나타난 증기기관의 발명으로 모터를 돌려 배를 움직인 것은 가히 혁명적이었다. 증기기관의 발명으로 인해 인간은 비로소 노잡이와 풍력 그리고 조력으로부터 자유로워지게 되었다. 곧 이어 발명된 전력은 무한동력을 내는 결정적 사건이 되었고, 전력 생산의 원료인 석탄, 석유 등과 같은 화석 연료와 원자력, 전기, 태양열과 같은 에너지원의 지배가 세계역사를 바꾸고 있다.

고대의 항해에는 노를 젓는 노잡이가 얼마나 많은가에 따라 배의 속도가 좌우되었다. 기원전 12세기에 이미 페니키아 인은 노를 저을 때 서로 부딪히지 않도록 하기 위해서 상하 2층으로 노잡이들의 대열이 배치된 갤리선galley선, 옛날에 노예나 죄수들이 노를 젓는 배을 만들었다. 그러다가 기원전 5세기경에 그리스에서 등장한 3층짜리 트라이 림은 당시로는 가히 혁명적이었다. 이 트라이 림의 등장으로 지중해의 해상권 판도가 바뀌었다. 영화 「벤허」를 보면 3층짜리 배 장면이 나온다. 이 거대한 배는 노예들의 노동력으로 움직이는데, 이 노잡이들에게는 인격이 없었다. 그들은 오로지 갤리선의 동력일 뿐이었다. 동력이 이탈되지 않게 그들의 발목에는 족쇄가 채워져 있었으며, 배가 침몰하면 엔진처럼 함께 가라앉아 죽었다.

또한 속도를 내기 위해서 동력원인 노잡이를 많이 태워야 했고, 그러려면 배가 엄청나게 크고 노잡이를 위한 식량을 많이 실어야 했다. 무엇보다도 어려운 점은 조금이라도 파도가 있으면 노는 거의 무용지물이 되어버린다는 것이다. 그러므로 무조건 노잡이를 많이 배치하는 것만이 능사는 아니다. 그렇다면 그때는 어떻게 할까? 돛을 달아 풍력을 이용했다. 강보다는 바다를 항해할 때 특히 돛이 유용했다.

지중해의 연안은 비교적 잔잔한 바다였기에 노잡이 수가 많을수록 속력을 낼 수 있었고, 속력이 빠를수록 경쟁에서 이기는 것은 당연했다. 그러나 지중해를 벗어난 큰 바다에서는 노잡이에 의한 갤리선이 무력해질 수밖에 없었다. 이때 선장은 바람과 조류를 더 많이 이용했다. 선장은 언제나 바람이 불어오는 방향과 바람의 세기를 잘 파악하고 돛의 폭과 각도를 조절해야 한다. 그러므로 선장의 역할은 참으로 복잡하고 어렵다.

1500년 이래로 해상권 쟁취를 위한 포르투갈, 스페인, 네덜란드, 영국 등 열강의 투쟁은 한없이 계속되었다. 제해권을 제패한 나라에 의해 세계경제 질서와 체제가 구축되었기 때문이다. 여기에는 15세기 중반 오스만 터키가 비잔티움을 점령함으로 인해 동양으로 가는 상로가 막혀버렸기 때문에, 부득이 해로를 개척하지 않을 수 없었던 배경이 있다. 이로 인해 지중해에서의 8백 년간의 베네치아의 영광이 막을 내리고, 주도권은 새로운 항로를 개척한 대서양 연안국인 포르투갈과 스페인으로 서서히 넘어갔다.

『경제사 오디세이』에서 최영순은 뉴욕의 이전 명칭은 뉴암스테르담New Amsterdam이었음을 지적하고, 그 배경으로 영국과 네덜란드의 공방전을 들고 있다. 1665년 제2차 영국-네덜란드 전쟁 당시 영국은 뉴암스테르담을 무력으로 탈취하고 영국왕의 동생인 요크York공의 이름을 따서 이곳을 뉴욕New York으로 개명했다. 곧 네덜란드가 재탈환하였으나 결국 2년 뒤에 영국에게 양도하고 화해하여 오늘의 뉴욕이 되었다는 것이다.

힘은 항상 논리를 거느릴 수 있었다. 가장 먼저 신항로를 개척한 포르투갈과 스페인이 대서양의 선점권을 주장하자 후발주자인 영국은 네덜란드의 법학자 그로티우스의 견해를 받아들여 '바다는 만인의 공해'임을 주장하며 항해의 자유를 주장했다. 하지만 막상 힘이 강해지자 다시 '영국 근해는 영국의 영해'라는 영해론을 주장하여 전형적인 힘의 논리를 보이기도 했다.

오늘날의 기업이나 나라의 지도자, CEO도 마찬가지이다. 기업이나 나라를 움직이는 기본적인 힘은 물론 구성원인 사람에 달려 있다. 그래서 '인사가 만사'라고 하여 인사관리의 중요성을 말하고, 인구가 많고 유능한 인재가 많을수록 기업과 조직이 강력해지는 것은 옛날이나 지금이나 같은 이치이다. 공자의 시대에는 나라의 왕이 정치를 잘하면 백성들이 모여들고 정치를 못하면 백성들이 떠나갔다. 이렇듯 백성은 그 자체가 바로 나라의 자산이자 국력이었다. 지금도 중국과 인도는 인구수 때문에 결코 무시할 수 없는 주요 국가이다. 비록 1인당소득은 낮지만 국가총생산과 잠재력은 엄청나다고 할 수 있다.

우리나라를 대표하는 기업인 삼성 또한 일찍이 이러한 이치를 잘 알고 있었다. 삼성종합연수원의 현관 로비에는 창업자 호암 이병철의 친필 글씨가 있다. 붉은 화강암에 음각된 글귀는 다음과 같다.

"국가와 기업의 장래가 모두 사람에 의해 좌우된다는 것은 명백한 진리이다. 이 진리를 꾸준히 실천해온 삼성이 강력한 조직으로 인재양성에 계속 주력하는 한 삼성은 영원할 것이며 여기서 배출된 삼성인은 이 나라 국민의 선도자가 되어 만방의 인류 행복을 위하여 반드시 크게 공헌할 것이다."

호암의 이와 같은 '인재제일' 경영이념이 토대가 되어 오늘의 삼성을 일군 것이다.

에릭슨, 사브, 스카니아 등 초일류 기업을 이끌고 있는 스웨덴의 발렌베리 가에서는 '선장이 우선, 그 다음이 배'라는 독특한 구호를 가지고 있다. 이것은 해군장교를 퇴역하고 은행가로 변신한 창업자 앙드레 오스카 발렌베리에서부터 정립된 인사정책이다. 장승규가 쓴 『존경받는 기업 발렌베리 가의 신화』를 보면 이 가문의 성공의 핵심은 바로 앞의 구호에서 볼 수 있는 것과 같이 유능한 CEO^{선장}의 확보임을 알 수 있다. 앙드레의 아들 마쿠스는 여기에 더해서 다음과 같은 또 하나의 멋진 말을 남겼다고 한다.

"유능한 선장이 역전시킬 수 없을 정도로 상황이 심각한 회사는 없으며, 무능력한 사장이 파괴할 수 없을 정도로 우량한 기업도 없다."

기업의 성패는 결국 리더의 능력에 달려 있음을 강조한 말이라 할 수 있다. 그러나 사람만으로 모든 상황을 다 해결하지 못할 경우도 있다. 그것은 바람의 힘이다. 시대적인 풍조, 즉 바람과 조류의 힘은 사람의 힘으로 감당하기 어려운 엄청난 힘을 가지고 있어서, 역풍을 맞으면 사람의 노력으로도 해결하지 못할 수도 있는 것이 현실이다.

중세의 지중해를 벗어나자 바람을 이용하는 항해술이 급속히 발전하게 되었다. 외부의 힘인 자연 바람을 이용하는 범선의 돛에는 사각형의 가로 돛과 삼각형의 돛이 있고, 돛대도 보통의 범선은 앞돛대, 주돛대, 뒷돛대의 3돛대로 구성된다. 물론 돛대는 한 개, 두 개, 세 개 그 이상일 경우가 있다. 15세기 후반에 들어와서는 같은 돛대에 여러 장의 가로 돛을 층층이 다는 전장범선이 등장하여 속력을 조절하고 최대화하였다.

선장은 바람의 세기와 방향에 따라 이 돛을 어떻게 펴고 어떤 각도로 조정해야 할지를 정확히 판단해야 한다. 바람이 많이 불고 파도가 있을 때는 노를 접어두고 돛의 힘으로 가게 된다. 그렇지만 바람이 목표지점으로 갈 수 있도록 항상 적절히 불어주는 것은 아니다. 때로는 바람이 가려고 하는 방향에서 마주보고 역풍이 불어올 때도 있다. 놀라운 것은 이렇게 역풍을 받으면서도 돛의 각도와 조타장치를 최대한 조절하여 양력을 일으켜, 작은 각도로 지그재그 태킹tacking을 하면서 전진한다는 것이다. 순풍에 항해를 할 때도 목표지점으로 가기 위해서는 뱃머리를 바람 방향으로 돌리고 돛 위에 가로 댄 활대를 돌림으로써 지그재그로 가게 된다.

    여기서 직선이 아니고 지그재그로 가는 것에 주목할 필요가 있다. 그것을 '태킹'이라고 한다. 목표 방향으로 정확하게 불어주는 바람은 없기 때문에 조금씩 조정해가면서 나아가야 한다. 태킹의 폭을 넓게 할 것인가 좁게 할 것인가도 선장이 판단해야 할 일이다. 목표지점을 결코 놓치지 않고 지그재그로 태킹하면서 서서히 전진하는 범선처럼, 뛰어난 지도자는 역경 속에서도 물러서지 않고 작은 각도로 조금씩 방향을 바꾸어 각도를 잘게 쪼개며 목표를 향해 전진하는 것이다.

    속도를 내는 데 있어서 인력이나 풍력 그리고 조력과 같은 동력원 다음으로 중요한 것은 무엇일까? 동력원이 결정적으로 중요하지만, 같은 동력원을 쓸 때는 불필요한 무게를 제거하고 힘을 하나로 집중하는 힘이 누가 더 큰가에 따라 속도가 결정될 수 있다. 조직적인 훈련으로 팀원이 협동하여 힘을 하나로 집중하는 능력은 속도를 증가시키는 중요한 요인이 될 수 있다.

    조정 경기를 예로 들어보자. 여덟 명이 하는 '에이트'의 경우 콕스라는 사람이 뱃머리에 앉아서 대원에게 노 젓는 구령을 외친다. 여덟 명의 크루는 콕스가 외치는 소리에 맞춰 일사불란하게 방향을 잡고 노를 젓는다. 여기에서는 숨 쉬는 속도조차 같아야 한다. 협동력은 가속에 필요한 또 하나의 중요한 요소다. 조직에서 리더가 필요하고 교육과 훈련이 필요한 이유는, 바로 이와 같이 조직 구성원의 힘을 하나로 집중하여 모으는 것 때문이다. 뛰어난 리더는 목표를 향한 뱃머리의 각도를 놓치지 않는다. 조직의 목표와 개인의 목표를 일치시킬 때 목표를 향해 나아가는 조직이라는 배의 속도와 힘은 엄청나게 가속된다.

속도를 내기 위해서는 리더십의 중요성과 함께 또 하나 간과할 수 없는 것이 있다. 바로 기동력을 높이기 위해 불필요한 무게를 최대한 줄이는 것이다. 조정 경기에서 크루는 우람하고 힘센 선수들이지만 콕스는 몸무게가 가벼울수록 그리고 목소리는 클수록 좋다. 로마시대의 유럽 기사단은 갑옷과 무기의 무게가 무려 70킬로그램인데 비해, 몽골 전사들의 군장은 불과 7킬로그램밖에 되지 않았다. 그들은 바람처럼 왔다가 바람처럼 사라졌다.

조직이 비대하여 군살이 많고 불필요한 형식적 치장이 많으면 기동력을 발휘할 수 없다. 빠른 속도로 달리고 의사결정을 빨리 할수록 목표를 선점하게 된다. 이와 관련된 구체적인 예로 세계 최대 자동차 업체이자 '미국의 자존심'이기도 한 제너럴 모터스^{GM}의 실패사례를 들 수 있다.

2009년 6월 1일, 한때 미국 제조업의 아이콘이자 자존심이었던 GM이 뉴욕법원에 파산보호를 신청했다. 1908년 윌리엄 듀란트가 설립한 GM은 1931년부터 2008년까지 세계 자동차 판매순위 1위였다. 승용차는 34개국, 트럭은 140여 개국에 판매되면서 전 세계 고용인구만 해도 24만 3천 명에 달하는 기업이다. 1971년에는 미국 사기업 사상 최대 인원인 61만 명을 고용하기도 했던 그야말로 공룡기업이었다. 하지만 GM은 2004년 1월에 53달러였던 주가가 2005년 4월에 29달러로 내려갔고, 2009년 5월 말에 드디어 1달러로 추락했다. 1998년에 50퍼센트가 훨씬 넘었던 GM포드의 시장점유율은 2005년 1분기에 25퍼센트로 하락하고, 2009년 5월 말에는 18퍼센트로 급락했다.

이러한 GM의 몰락 원인은 여러 가지로 분석되고 있지만, 주된 원인은 '시너지 없는 덩치 키우기, 브랜드 차별화 없는 덩치 키우기'로 지적되었다. GM은 오랜 기간 동안 M&A를 통한 대형화에 주력해왔다. 그런데 이 M&A의 시너지 효과가 미미하고 브랜드 차별화가 명확하게 이루어지지 않으면서 자체 계열사 모델끼리 경쟁하는 사례가 많았던 것이다. 신차 개발에 9년이 걸리는 등 외국 경쟁 자동차에 비하여 개발기간이 매우 길고, 품질관리의 문제는 잦은 리콜을 초래하여 비용부담을 증가시켰다. 부진한 판매를 만회하기 위한 파격적인 무이자 할부판매정책은 경쟁업체가 그대로 모방하면서 출혈경쟁의 골만 깊어졌다.

이 밖에 GM금융부문의 부진, 소비자 신뢰도의 하락은 경영실적을 더 악화시켰다. 경직된 조직문화도 GM 추락의 주된 원인으로 지적되고 있다. 50개국 25만 명의 직원에 대한 과도한 복리비 지출, 과다한 의료보험료 지급, 연금 혜택 부여 그리고 강성 노조 또한 악화일로의 경영실적에 상당한 부담요인으로 작용했다는 것이다.

공룡 GM이 법정관리 아래 혹독한 군살 빼기로 슬림화하여 뉴GM으로 다시 태어나 계속 살아남을 것인가는 지켜봐야 할 드라마다. 비대한 쥬라기의 공룡들이 먹이를 구하지 못해 끝내는 모두 멸망한 사실은, 오늘날의 많은 기업들에게 좋은 교훈을 준다. 보다 날씬하고 빠르면서 희생적 용단을 감행하는 기업만이 살아남을 수 있다.

낙토를 향한
간절한 꿈

비 전

2

대를 이어 계승된 낙토의 꿈
꿈꾸는 자만이 성공할 수 있다
시련은 꿈을 더욱 단단하게 한다

heremon Ó Néill

헤레몬의 아버지 밀레시우스는 스페인 왕의 아들이었다. 밀레시우스는 왕자 시절 일찍이 스키타이와 이집트를 유랑하면서 선진국의 새로운 문물을 배우려는 열의에 가득 차 있었다. 때가 되어 그는 이집트를 떠나 스페인으로 돌아왔다. 하지만 조국 스페인의 상황은 매우 처참했다. 그의 아버지는 이미 세상을 떠났고, 이웃 나라의 침략과 원주민의 반란으로 백성들은 크게 고통 받고 있었다. 그는 즉시 반란을 진압하고 통치권을 회복했다.

그러나 새로운 불행이 또다시 다가오고 있었다. 스페인에 26년간 계속되는 전대미문의 대기근이 닥친 것이다. 대기근으로 인해 참혹한 나날이 계속되자, 밀레시우스는 오래전 드루이드^{Druid}의 예언자가 '숙명의 낙토'를 찾으라고 경고했던 사실을 떠올리고 희망의 땅 낙토를 찾아보기로 했다. 밀레시우스는 그의 삼촌인 이드로 하여금 서쪽의 낙토를 찾으라고 명령했다. 이드는 오랜 항해 끝에 이윽고 아일랜드에 도착했으나, 귀국 직전에 피살당하고 만다.

밀레시우스는 그의 삼촌을 죽인 살인자에 대한 복수심과 함께 새로운 낙토를 얻으려는 야망으로 끓어올랐다. 하지만 이러한 원대한 계획을 실천에 옮기기도 전에 병으로 죽게 되고, 이 염원을 여덟 명의 아들에게 넘겨주게 되었다. 밀레시우스의 여덟 아들은 아버지의 염원을 결코 잊지 않고, 함대를 이끌고 아일랜드 해안으로 용감하게 쳐들어갔다. 그러나 그들은 상륙도 하기 전에 수많은 난관을 만나야 했다. 밀레시우스의 여덟 명의 아들 중에서 다섯 명이 생명을 잃었다.

대를 이어 계승된 낙토의 꿈

헤레몬의 아버지 밀레시우스가 자랑스러운 스페인의 왕이며 헤레몬이 유럽대륙에서 건너왔다는 사실은, 내 추측대로 헤레몬이 노르만의 해적 두목이 아님을 알게 한다. 헤레몬이 아일랜드에 도착하게 된 경위는 다음과 같다.

밀레시우스는 용감한 무사였고 언제나 승자였으며 그가 하는 모든 행동에는 행운과 영광이 따랐다. 그의 이름 밀레시우스의 '밀'은 라틴어로 '1천'의 뜻이다. 즉 밀레시우스는 1천 번의 전투에서 승리한 용사라는 의미에서 얻은 영광스러운 이름이다. 그는 조국 스페인에서는 물론 젊은 날 여행한 여러 나라에서 벌어진 모든 전쟁에서 승리했다. 밀레시우스는 젊은 시절 고향을 떠나 선조들의 고향이었던 스키타이로 향했다.

스키타이 왕은 인물 좋고 용맹스러운 밀레시우스에게 공주를 주어 부마로 삼고 대장에 임명했다. 밀레시우스는 적을 크게 물리쳐 이름을 높이고 왕의 총애를 얻게 되었다. 그러나 밀레시우스가 명성을 얻고 민중으로부터 존경받는 영웅이 되자, 왕은 점차 불안감을 느끼고 그를 시샘하게 되었다. 이것을 눈치 챈 밀레시우스는 배를 타고 이집트로 도망갔다.

밀레시우스의 명성을 익히 들어왔던 이집트의 파라오는 그를 군 총사령관으로 임명했다. 그에게 주어진 막중한 임무는 침략을 일삼는 에티오피아를 막는 것이었다. 스키타이에서와 마찬가지로 화려한 승리를 거둔 밀레시우스는 파라오가 염원하던 평화를 가져다주었다. 파라오는 크게 만족하여 미망인이던 자신의 딸 스코타^{Scota}와 밀레시우스를 결혼시켰으며 그에게 중책을 맡겨 이집트에 머물도록 했다.

그러나 밀레시우스는 이집트에 정착할 뜻이 없었다. 그는 8년 동안 이집트에 머물면서 선진 기술과 지혜를 배워 장차 조국 스페인으로 돌아가 무지한 백성들을 깨우치고 나라를 일으켜 세우려는 원대한 꿈을 품고 있었던 것이다.

마침내 밀레시우스는 이집트를 떠나 고국 스페인으로 돌아왔다. 오랜 방랑 끝에 돌아온 조국 스페인의 상황은 매우 비참

했다. 그의 아버지는 이미 세상을 떠났고, 밖으로는 이웃 나라가 끊임없이 침략해오며, 안으로는 원주민의 반란이 이어져 백성들이 고통에 허덕이고 있었다. 지치고 고통 받던 백성들은 밀레시우스 왕자의 귀환을 크게 환영했고, 그는 즉시 반란을 진압하고 통치권을 회복했다.

그러나 새로운 불행이 또다시 다가오고 있었다. 스페인에 26년간 계속되는 전대미문의 대기근이 닥친 것이다. 대기근으로 인해 참혹한 나날이 계속되자, 밀레시우스는 오래전 드루이드의 예언자가 '숙명의 낙토'를 찾으라고 경고했던 사실을 떠올리고, 이러한 대기근은 낙토를 찾지 않은 것에 대해 신이 분노하여 내린 형벌이라고 생각하게 되었다. 그래서 그는 한편으로는 잘못을 속죄하고 신의 의지를 따르기 위해, 또 다른 한편으로는 가뭄으로 황폐화된 스페인을 떠나 많은 사람들이 믿고 있으며 드루이드 예언자가 일찍이 예언한 희망의 땅 낙토를 찾아보기로 했다.

밀레시우스는 그의 삼촌인 이드로 하여금 그의 아들 즉, 사촌인 루가드^{Rugadh}와 백여 명의 힘센 장정들을 데리고 서쪽의 낙토를 찾으라고 명령했다. 이드는 오랜 항해 끝에 이윽고 아일랜드라 불리는 섬에 도착했다. 그는 오늘날의 먼스터 부근에 상륙하고 그의 아들과 수십 명의 군인들로 하여금 배를 지키게 하고 나머지는 섬을 정찰하기 위해 떠났다.

그 섬은 밀레시우스의 후손들에 의해 지배받기 이전에는 맥쿠일, 멕키치, 그리고 멕그린이 1년씩 돌아가면서 나라를 다스렸다고 한다. 세 왕이 번갈아가며 통치할 때마다 나라 이름을 부인인 여왕의 이름을 따서 1년은 에이레, 그 다음 1년은 포달라, 그리고 다음 1년은 반바라고 불렀다고 한다. 아일랜드 섬을 에이레라고 부르게 된 이유는 마침 멕쿠일 왕이 통치할 때, 즉 에이레 여왕의 이름으로 그 나라를 부를 때 이드가 상륙하여 나라 이름을 처음 들었기 때문이라는 것이다.

이드는 섬의 세 형제들에게 이 나라가 세상에서 가장 아름답고 풍요한 나라라며 칭찬을 아끼지 않았고, 칭찬을 들은 그들 모두는 만족해했다. 하지만 섬 정찰을 마치고 난 뒤 이드가 배를 몰고 스페인으로 돌아가려고 할 때, 원주민 세 형제는 그가 그들의 섬을 극찬한 사실에 대해 의심을 품기 시작했다. 그러다 마침내 그 섬을 침략하려는 음모가 있다고 결론을 내리고 이를 사전에 막기 위해서 암살자를 보내 고국으로 출항하기 직전에 그를 죽였다. 이드의 아들은 찢어진 아버지의 시신을 수습해 스페인으로 돌아왔으며, 이 시신을 여러 사람들에게 보였다. 그러자 흥분한 친구들과 친척들은 아일랜드의 살인자에 대하여 복수심이 불타올랐다.

이드의 죽음에 대한 분노와 새로운 낙토에 대한 야망으로 끓어오른 밀레시우스는 아일랜드 정복의 준비를 시작했다. 그러나 이러한 원대한 계획을 실천에 옮기기도 전에 병으로 죽게 되고, 이 염원을 두 아내의 소생인 여덟 명의 아들에게 넘겨주게 되었다. 밀레시우스의 여덟 아들은 아버지의 명령을 결코 잊을 수 없었다. 그들은 그가 죽고 나자 곧바로 함대를 이끌고 아일랜드 해안으로 용감하게 쳐들어갔다.

그러나 그들은 상륙도 하기 전에 수많은 난관을 만났다. 원주민은 그들의 상륙을 막기 위해서 마술을 사용하여 돼지의 모습으로 둔갑해서 나타나는가 하면, 돌풍을 일으켜 배를 휩쓸어가 버렸다. 결국 여덟 명의 아들 중에서 다섯 명이 생명을 잃었다. 살아남은 세 명의 아들은 헤버Heber, 헤레몬, 아메르긴Amergin이었으며, 이르Ir의 아들인 헤버 돈도 살아남아 상륙에 성공했다.

헤버와 헤레몬은 밀레시우스의 여덟 형제 중에서 마지막까지 남은 아들로서 지도자가 되었고, 왕국을 함께 나누었다. 그리고 드루이드교의 사제였던 동생 아메르긴과 조카인 헤버 돈, 군대를 지휘했던 나머지 부하 대장들에게도 각각 영토를 일부 나누어주었다. 이렇게 하여 켈트 족 왕국으로서 밀레시우스의 후손에 의한 아일랜드 왕국의 위대한 역사가 시작되었다.

헤버와 헤레몬은 처음 1년만 연합해서 함께 통치했다. 당시 두 사람은 서로 성격이 전혀 다른 아내들 때문에 다툼이 잦았고, 끝내 형 헤버는 동생인 헤레몬에 의해 살해되었다. 그리고 얼마 되지 않아 자신에게도 똑같은 몫을 달라고 요구했던 아메르긴 역시 헤레몬에게 살해되었다. 그리하여 헤레몬이 아일랜드의 유일한 왕이 되었다. 이 세 명의 형제 즉 헤버, 이르, 그리고 헤레몬은 아일랜드와 스코틀랜드에서 밀레시우스의 후손을 낳게 되었다.* 맏형인 헤버의 후손들은 먼스터 지역의 왕이 되었고, 둘째인 이르의 후손들은 얼스터 지역의 왕이 되었다. 밀레시우스의 남은 아들 세 형제 중에서 가장 어린 헤레몬의 후손들이 먼스터와 얼스터를 포함한 아일랜드 전체의 왕이 되었다.

헤레몬의 아버지이며 스페인 왕이었던 밀레시우스 가문의 족보인 『아일랜드의 밀레시우스 가계 계통사 *A Genealogical History of the Milesian Families of Ireland*』에 나온 가계보를 보면서, 나는 헤레몬과 끝까지 경쟁한 더모트가 스페인에서 함께 온 밀레시우스의 또 다른 아들로서 헤레몬의 형제일 것이라고 추정하게 되었다. 그리고 그들이 경쟁한 것은 말 타기가 아니라 보트 경주였고,

---

* 아메르긴은 자식 없이 죽었다.

그들이 건넌 것은 강이 아니라 바다였을 것이라고 확신하게 되었다.

그렇다면 헤레몬이 형제끼리 서로 싸웠다는 말인가? 그럴 가능성이 높다. 『아일랜드의 밀레시우스 가계 계통사』에서도 헤레몬이 상륙 직전에 손목을 잘라 던졌다고 적고 있으나, 경쟁자가 누구였는지에 대해서는 구체적으로 밝히지 않고 있다. 그것은 아마 형제간의 노골적인 경쟁을 나타내기 싫어하는 후손들의 배려 때문으로 볼 수 있다.

밀레시우스는 젊어서 스키타이와 이집트를 유랑하며 두 왕의 딸과 결혼을 하여 여덟 명의 자식을 두었다. 당시에는 부자간이나 형제간에도 무서운 경쟁이 있었다. 또한 그때까지만 해도 켈트 족들은 장자승계제가 없었다. 그러므로 형제간의 경쟁은 자연스러운 것이었다. 자료에 의하면 아일랜드 상륙에 성공한 밀레시우스의 세 아들도 처음에는 뜻이 맞았지만, 시간이 지나면서 서로 치열한 주도권 경쟁으로 싸워서 결국에는 헤레몬만 남고 평정되었음을 밝히고 있다. 스페인의 대왕 밀레시우스는 새로운 영토를 정복하려고 떠나는 여덟 명의 아들과 조카들에게 '그 섬에 손이 먼저 닿는 사람이 그 땅을 차지한다'고 유언을 남겼을 가능성이 매우 높다. 선의의 경쟁을 부추기는 것은 참여자로 하여금 최선을 다하도록 만드는 동기부여의 방법이기 때문이다.

유럽에서 장자승계의 원칙이 정립된 것은 12세기 이후라고 한다. 여러 형제 중에서 가장 강력한 힘을 가진 아들이 지배하는 것은 적자생존의 원리를 잘 나타내는 방법이라 하겠다. 물론 이러한 경쟁방식은 지나친 골육상쟁의 결과를 낳는 부작용도 없지 않지만, 초창기에 새로운 환경에 적응하기 위한 진화를 촉진시키는 방법으로는 강력한 제도였다. 한 나라에는 통치자가 한 사람인 것이 효율적이다. 경쟁자가 힘이 대등할 때는 게임을 하여 이기는 사람에게 우선권을 주는 것이 싸움을 적게 하고 희생을 줄이는 편리한 방법이다. 승자가 효율적으로 통치하기 위해서 패자는 사라져주어야 한다. 당시의 지도자는 이러한 지도 체제의 원리를 잘 알고 있었던 것이다.

이와 같은 예는 오늘날의 기업에서도 찾아볼 수 있다. 앞에서 예로 들었던 스웨덴의 재벌인 발렌베리 가에서는 독특하게 1인 지배체제인 원톱보다 2인 지배시스템인 투톱 제를 도입함으로써 '견제와 균형'으로 절충하여 조직을 이끌고 있다. 아무리 유능한 경영자라 하더라도 황제식 독단경영을 하면 사고의 위험은 커질 수밖에 없는데, 발렌베리 가에서는 항상 두 명의 리더를 둠으로써 잘못 판단할 가능성을 줄이고 경영능력을 배가시킨 것이다. 투톱의 한 축은 장자로 이어져 내려갔으며, 또 다른 한 축은 자신의 능력과 의지를 스스로 입증하는 사람에게 주어졌다. 그래서 이 가문에서는 때로는 이복형제가, 때로는 사촌이 투톱이 되어 함께 이끌어갔다.

이러한 제도와 경쟁방식은 한편으로는 적장자의 권위를 존중하면서도, 다른 한편으로는 후손들이 적절히 경쟁하면서 가장 유능한 사람이 승계하도록 한 밀레시우스의 경쟁적 제안과 흡사해 보인다. 전통적인 장자승계를 과감하게 포기하고 3남 이건희에게 핵심 사업을 물려준 삼성의 창업자 이병철의 냉철한 판단이 결국 오늘의 삼성을 이루게 했다는 점 또한 '능력주의' 승계의 장점을 여실히 나타내준다.

『아일랜드의 밀레시우스 가계 계통사』를 보면 고대 아일랜드의 전설에 나타나는 밀레시우스와 헤레몬의 오랜 소망의 뿌리를 읽을 수 있다. 결정적인 사건은 바로 스페인에서의 26년간의 대기근이었다. 맹자의 말처럼 위대한 정복을 이끌기 위해서는 가혹한 시련이 먼저 주어지는 것이다. 생각해보라. 26년간 대기근이 있었다면 국민 모두는 굶어 죽기 직전이었을 것이다. 그들은 살아남기 위해서라도 새로운 땅을 찾아 나서지 않으면 안 될 절박한 상황에 처했던 것이다.

그래서 필사적으로 새로운 땅을 찾아 나섰고 그렇게 찾은 땅이 바로 아일랜드였다. 아일랜드는 어떤 가뭄에도 마르지 않는 8백여 개의 호수가 있고 어디를 가나 물을 볼 수 있는, 물이 넘치는 나라다. 그리고 대부분의 섬나라가 무서운 뱀이나 자연재해에 시달리는 데 비해, 이곳은 뱀이 없고 자연재해가 거의 없는 나라다. 물은 생명과 같고 자연재해 또한 없으니 그들에게 아일랜드는 낙토와 다름없었다.

헤레몬에게 있어서 아버지 밀레시우스와 그들의 선조가 품었던 원대한 꿈은 여러 대를 걸쳐 계승되고 누적된 꿈이었다. 밀레시우스는 어린 시절부터 드루이드교 사제로부터 약속의 땅 낙토에 대한 예언을 끊임없이 듣고 자랐기에, 젊은 시절부터 이 나라 저 나라를 떠돌았다. 그들의 선조로부터 물려받은 낙토를 찾으려는 오랜 소망이 밀레시우스로 하여금 유랑하도록 했던 것이다.

켈트 인들은 대부분 드루이드교를 믿었다. 드루이드교는 기독교가 도입되기 이전의 종교로, 그 핵심은 범신론적 신비주의와 낙토사상 그리고 윤회사상이었다. 또한 드루이드교에서는 인도의 카스트 제도처럼 사제계급과 전사계급, 평민계급과 노예계급으로 나뉘어 있어서 인도로부터 많은 영향을 받은 것으로 보인다.

특이한 것은 드루이드교는 낙토사상을 가지고 있다는 것이다. 그들은 지구 어딘가에 이상향, 즉 낙토가 있을 것이라는 강렬한 믿음을 가지고 있었다. 예언은 드루이드교 사제들의 중요한 역할이었는데 그들은 구름의 형태나 별자리, 새들의 노랫소리, 나무뿌리의 모양 등을 관찰하여 점을 치고 예언을 했다. 드루이드교 사제들은 비밀스러운 의식을 통해 초자연의 세계와 접촉하여 신과 교통하는 무당이었다. 그들은 통치자에게 철학과 당위성을 부여해주고, 꿈과 이상을 불어넣어 주었다. 밀레시우스는 사제가 심어준 그 꿈을 이루지 못한 채 한을 품고 죽었고, 그의 아들인 헤레몬 대에 가서 그 꿈이 완성되었던 것이다.

이처럼 모든 성공의 출발은 바로 '꿈'이다. 헤레몬이 아일랜드에 발을 딛고 상륙할 수 있었던 힘은 바로 낙토에 대한 믿음과 꿈에서 나온 것이었다. 나침반도 없이 허술한 배를 타고 미지의 낙토를 찾아 풍랑에 휩쓸리면서 먼 바다로 항해하는 사람들이 가졌을 엄청난 공포와 불안을 상상해보라. 무엇이 이 공포를 사라지게 했을까?

그것은 낙토에 대한 강렬한 열망이다. 시련의 아픔이 깊으면 깊을수록 그리고 열망의 강도가 강하면 강할수록 목표에 접근하는 속도는 빨라진다. 모든 개척자의 위대성은 바로 이런 강렬한 꿈을 구체화하고 실현했다는 데 있다. 밀레시우스는 자신과 가족, 더 나아가 자신의 종족이 행복하게 살 수 있는 낙토를 찾으려는 소망이 너무나도 강렬했다. 그는 자신의 꿈을 실현시키기 위해서 전쟁과 항해술을 익히며 차근차근 준비했다. 당시만 하더라도 이집트는 선진국으로, 기원전 4000년부터 이미 갈대를 엮어 뗏목을 만들어 나일강을 오르내리며 물자를 수송했다는 기록이 있다.

밀레시우스의 이러한 꿈은 다시 시간을 거슬러 올라가 그의 먼 조상으로부터 기인한다는 것을 고대 신화를 통해 알 수 있다. 『아일랜드의 밀레시우스 가계 계통사』에 나타난 신화에서 다음과 같은 사실을 읽을 수 있다.

> 야펫^{Japhet}의 아들인 마곡^{Magog}에게는 세 명의 아들이 있었다. 그 후손인 페니우스 파르사$^{Fenius\ Farsa}$는 스키타이의 왕이 되었고, 두 아들 네뉴알^{Nenual}과 닐^{Neil}을 두었는데 닐이 바로 밀레시우스의 선조다.
>
> 닐은 이집트로 여행을 떠났으며, 여기서 그는 파라오의 딸과 결혼했다. 그는 고달^{Gaodhal}이란 아들 하나를 두었는데, 이 시기는 모세가 그의 종족들을 데리고 이집트를 떠나려고 준비하던 시기였다. 고달은 어느 날 무서운 뱀에게 물려 죽게 되었는데, 이때 위대한 예언자 모세가 지팡이를 상처 부위에 대자 치료되었다. 이때 모세는 닐의 후손들에

게 무서운 뱀이나 파충류가 없는 섬에 가서 살도록 하라고 말했다.

지금도 그의 후손들이 많이 살고 있는 크레타 섬과 아일랜드에는 뱀이 없다는 사실이 이를 뒷받침해준다. 모세가 그의 상처를 치료한 뒤 흉터가 푸르스름하게 남아 있었는데, 이 때문에 고달은 초록색을 의미하는 글라스^{Glas}란 이름을 얻게 되었다.

고달의 손자 수르^{Sur}는 자신의 종족을 이끌고 크레타 섬에 들어갔으며, 그의 아들 헤버 스콧$^{Heber Scot}$이 다시 선조의 고향 스키타이로 갔으며 여기서 네 아들을 두었다. 이후 여러 세대를 지나 브라타^{Bratha}의 아들 브러간^{Breogan}이 그의 추종자들을 데리고 스페인으로 들어갔다. 브러간은 열 명의 아들을 두었는데, 그중 아홉 번째가 이드였고 열 번째가 빌레^{Bille}였으며, 빌레의 아들이 바로 밀레시우스인 것이다.

헤레몬의 꿈은 가깝게는 대기근에 시달리던 아버지 밀레시우스에게 물려받은 것이고, 더 멀리 거슬러 올라가보면 스키타이와 이집트를 유랑하며 안전하게 살 곳을 찾아 헤매던 먼 조상 고달로부터 누적된 꿈을 물려받은 것이다.

우리가 가지는 모든 성취는 꿈의 결과다. 과학자나 예술가,

기업가 또는 정치가들의 위대한 업적은 얼핏 보면 우연한 결과인 것처럼 보이지만, 자세히 보면 그런 결과가 있기까지의 수많은 꿈이 실현된 것이다. 처음에는 모두 허무맹랑한 상상에 불과한 것이었다. 그러나 그 꿈에 신념과 열정을 불어넣을 때 싹이 트고, 준비하고 가꾸는 노력으로 결국에는 성공의 결실을 얻는 것이다. 물론 사람들이 꿈을 가진다고 그 꿈이 모두 성취되는 것은 아니다. 그러나 단 한 번이라도 꿈꾸지 않고 얻어지는 성공은 없다.

꿈이란 무엇인가? 꿈은 원래 잠자는 중에 깨었을 때와 똑같이 여러 가지를 보는 것을 말한다. 그런데 꿈은 두 가지의 의미를 가진다. 하나는 잠에서 깨어났을 때 그 꿈이 너무나도 현실과 동떨어져 실망한 것을 나타내는 뜻으로 '덧없음'이나 '허망함'을 나타낸다. 다른 하나는 간절하게 원하면 소망이 꿈에 나타나고 그것이 훗날 자신도 모르는 사이에 실현되는 '긍정적인 이상'이라는 의미가 되기도 한다. 결국 꿈이란 마음먹기에 달린 것이다.

우리의 마음속에는 어떤 강력한 힘이 존재한다. 이 강력한 힘은 우리가 진실로 원하는 것이라면 무엇이든 이룰 수 있게 도와준다. 그런데 중요한 것은 진정으로 그것을 원하는가 하는 것이다. 구체적이지 않거나 정확하지 않은 막연한 소원은 진심으로 바라는 소원이 아니다. 그런 꿈은 허망하고 덧없는 미망이 된다. 그러나 진실로 간절히 원하고 목표를 구체적으로 정하게 되면, 그 꿈은 실현 가능한 것으로 변한다. 꿈이 절실할수록 열정의 강도도 뜨거워진다. 열정이 구체적이고 뜨거워질수록 목표에 도달하는 속도는 더 빨라지고 결국에는 목표를 선점하게 된다.

그렇다면 모든 사람이 전부 똑같은 낙토를 꿈꾸는가? 그렇지 않다. 사람마다 행복의 기준이 다르므로 꿈꾸는 낙토도 다를 것이다. 자신의 처지와 능력에 맞는 적절한 낙토를 찾는 것은 당연하다. 그래야만 행복을 얻을 수 있고 경쟁력이 있다. 그러기 위해서는 남들이 넘보지 않는 새로운 섬을 발견해야 한다. 잘만 살펴보면 지금도 사이버 공간에는 수많은 섬들이 주인 없이 널려 있다. 누구나 간절하게 원하기만 하면 이 섬이 보인다.

간절하게 원하기만 하면 정말로 보이는가? 그렇다. 하지만 좀 더 구체적으로 원해야 한다. 카메라 렌즈를 눈앞에 들이대면 사물의 형태는 나타나지만, 구체적인 대상을 정하고 초점을 맞추지 않으면 상이 흐릿하여 알아볼 수도 없고 사진을 버리게 되는 것과 흡사하다.

낙토란 자신이 인생을 걸고 즐겁게 일하고 싶은 곳이라 할 수 있다. 드루이드교에서 추구했던 낙토란 결코 개인적인 만족만을 추구하는 이기주의자의 낙원이 아니었다. 나보다는 가족을 먼저 생각하고, 가족보다는 종족과 이웃을 더 생각하는 데서 낙토는 보이기 시작한다. 낙토에서는 결코 혼자 살 수 없다. 나와 가족, 종족, 이웃이 함께 추구하는 목표를 다수가 공유할 때 낙토에 먼저 도착하고 그 낙토의 주인이 될 수 있다.

꿈꾸는 자만이 성공할 수 있다

간절한 소망이 성공으로 가는 출발임은 여러 자료에서 읽을 수 있다. 중국의 『열자』 「황제 편」에서는 "지극한 믿음을 가진 사람은 가히 사물도 감동시킨다 至信之人可以感物也"고 하였다. 여기서 특히 '지극한 믿음 至信'에 주목할 필요가 있다. 이러한 사실은 다음의 책에서도 확인할 수 있다.

『부의 법칙』을 쓴 미국에서 가장 뛰어난 영적 작가 캐서린 폰더는 자신의 프로그램에 참여하는 사람들에게 먼저 다음과 같은 선언문을 읽도록 권하고 있다.

"나는 초강력 자석이다. 내가 끊임없이 발산하는 생각, 감정, 상상에 따라 열망하는 모든 것을 나 자신에게 끌어당길 수 있다. 나는 내 우주의 중심이다! 원하는 모든 것을 창조할 수 있는 힘을 가지고 있다. 발산하면 흡수하게 돼 있다. 즉 마음속으로 선택하고 이루겠다고 마음먹은 모든 것을 내게로 끌어들일 수 있다. 그래서 나는 가장 값있는 것, 그러니까 건강과 성공, 행복을 선택했다. 그러므로 이제 모든 인류와 나 자신을 위해 풍성한 수확물을 거두게 될 것이다."

이러한 선언문을 읽으면서 자신의 꿈을 구체화하고 간절히 소망함으로써 자력과 같은 내공의 힘을 농축시킨다는 것이다. 이것은 일종의 자기최면이지만 그 자체가 강력한 힘을 가지고 있다. 많은 자서전을 통해, 성공한 사람들 대부분은 마음속으로 이러한 다짐을 지극히 간절하게 했다는 점을 확인할 수 있다. 누구나 성공을 원하지만, 실제로 강력하고도 간절한 열망을 가진 사람은 극소수에 불과하다. 사실 대부분의 사람들은 자신이 무엇을 원하는지조차도 잘 알지 못한다.

"나에겐 꿈이 있습니다. 언젠가는 조지아의 붉은 언덕에서 옛 노예들의 자손과 옛 노예주들의 자손이 함께 형제처럼 살게 되리라는 꿈입니다. 나에겐 꿈이 있습니다. 언젠가 내 아이가 피부 색깔이 아니라, 그 속에 든 인격을 기준으로 평가를 받는 나라에서 살게 되리라는 꿈입니다. 나에겐 꿈이 있습니다. 언젠가 앨라배마 주가 흑인 어린이와 백인 어린이들이 손을 잡고 형제자매처럼 함께 걸을 수 있는 곳으로 바뀌게 되리라는 꿈입니다. 우리가 노력한다면, 흑인이건 백인이건, 유태인이건 개신교도이건 가톨릭교도이건, 모든 사람들이 손을 잡고 '자유가 왔다! 자유가 왔다!' 하고 영가를 부를 수 있는 그날을 앞당길 수 있을 것입니다."

이것은 마틴 루터 킹 목사의 연설 「나에겐 꿈이 있습니다 I Have a Dream」의 한 대목이다. 그의 강렬한 꿈은 당시에는 참으로 이루기 어려운 허황된 것이었지만, 지금은 모두 이루어진 현실이다. 만사는 먼저 마음속에서 이루어진다는 사실. 이것은 누구나 마음만 있으면 꿈을 꿀 수 있으며, 마음으로부터 아직 존재하지 않는 미래의 세상과 현실 사이를 연결할 수 있게 한다는 뜻이다. 그렇기 때문에 마음속에서 이루어진 일은 현실에서도 이루어질 수 있는 것이다.

일본에서 존경받는 부자인 교세라 그룹의 이나모리 가즈오 회장은 『카르마 경영』에서 이렇게 말한다.

"인생은 마음에 그린 대로 이루어진다. 강렬하게 생각하는 것이 현실로 나타난다. 생각은 씨앗이며, 인생이라는 뜰에 뿌리를 내려 줄기를 뻗고, 꽃을 피우며 열매를 맺는 가장 최초이자 가장 중요한 구성요소이다. 머리끝에서부터 발끝까지 온몸을 그 생각으로 가득 채우고, 피 대신 '생각'이 흐르게 해야 한다. 그 정도로 한결같이 강렬하게 하나만을 생각하는 것, 그것이 일을 성취하는 원동력이다. 세세한 부분까지 명료하게 그릴 수 있다면 틀림없이 성취하게 되어 있다. 그러므로 원하는 바가 있다면 엄청나게 강한 힘으로 응축된 생각을 원하는 만큼 강렬하게, 그리고 '성공한 모습이 뚜렷하게 눈앞에 보일 때까지' 지속해나가는 것이 중요하다."

그러므로 대충 꿈꾸는 것으로 꿈꾸었다고 말해서는 안 된다. 꿈을 꾸되 철저히 피 대신 생각이 흐르도록, 세세한 부분까지 명료하게 그릴 수 있도록 강력하게, 그리고 지속적으로 꿈꾸어야 한다. 사람은 자신이 상상하는 대로 변하게 되어 있고, 끊임없는 상상은 무엇이든 변화시키고 창조하는 능력을 발휘하기 때문이다. 이나모리는 계속해서 말한다.

"좋은 것을 생각하고, 좋은 것을 행하면 운명의 흐름도 좋은 방향으로 흘러가기 마련이다. 인간은 운명의 지배를 받는 한편, 자신의 좋은 생각과 좋은 행동으로 운명을 변화시킬 수 있는 존재이다. 운명은 숙명이 아니며, 인과응보의 법칙으로 변화될 수 있다."

이러한 생각을 가진 이나모리는 나이 65세가 되자 진정한 신앙을 갖고 싶다는 생각에서 불문에 귀의했다. 그는 죽음을 맞이하는 데도 20년 정도 걸린다고 생각하고, 인과응보의 법칙을 철저히 믿으며 다음의 생을 위해 마지막 20년을 기꺼이 봉사활동에 바칠 각오가 되어 있었던 것이다.

이러한 사실이 결코 비과학적이 아니라는 것을 론다 번의 『시크릿』에 나온 양자물리학자 존 헤길린의 말에서 확인할 수 있다.

"양자물리학은 확증해준다. 양자우주론은 확증해준다. 우주가 본질적으로 생각에서 비롯되었고, 우리 주변의 물질은 모두 단지 생각이 고체로 변한 것이라는 점을. 결국 우리는 우주의 근원이고, 경험으로 자신의 힘을 직접 이해하면 자신의 권위를 행사하고 더욱 많이 성취할 수 있게 된다. 무엇이든 창조하라. 내면의 의식에서 모든 것을 알아내라. 우리 의식은 결국 우주를 돌아가게 하는 우주의 의식이다."

그러므로 생각의 힘은 신비롭고 무한한 것이다. 무엇보다 가치 있는 꿈을 가지는 것이 중요하다. '가치 있는 꿈'이란 나에게는 물론 다른 사람에게도 유익한 공동선이라 할 수 있다. 앤드루 카네기도 어렸을 때부터 그의 어머니가 "이 세상에는 우리가 할 일이 많이 있으며, 올바르게만 행동한다면 얼마든지 쓸모 있고 존경받는 사람이 될 수 있다"고 말한 것을 늘 기억하면서 '존경받는 사람'이 되려는 꿈을 가지고 있었다고 한다.

LG그룹을 일으킨 구자경 전 회장은 자서전 『오직 이 길밖에 없다』에서 이러한 개인의 꿈을 이끌어주는 깃발을 든 사람이 바로 리더임을 지적하고 다음과 같이 말하고 있다.

"리더의 비전은 깃발과 같은 것이다. 그를 따르는 사람들에게 그 깃발만 따라가면 꿈꾸는 목적지에 도달할 수 있다는 믿음을 갖게 해주는 이정표다. 오늘날의 기업경영에서는 바로 이렇게 뚜렷한 비전을 가지고 한 방향으로 조직 구성원들의 생각을 모아 이끌고 나갈 수 있는 리더가 필요하다."

그러나 모든 꿈이 아름답고 좋은 것만은 아니다. 개인적인 욕망만 채우고 다수에게 엄청난 고통을 주는 꿈이라면 그것은 나쁜 꿈이다. 인류 역사상 가장 무서운 꿈과 욕망을 가진 사람은 단연코 고대 중국의 여불위라 할 수 있다. 그가 일찍이 거상인 아버지와 나눈 다음과 같은 대화는 그의 무서운 야망을 엿볼 수 있는 것으로 너무나 잘 알려진 이야기이다.

"농사를 지으면 몇 배의 이익을 얻을 수 있습니까?"
"열 배를 얻을 수 있다."
"보석 장사를 하면 몇 배의 이익을 얻을 수 있습니까?"
"백 배는 얻을 수 있다."
"그렇다면 돈으로 나라의 임금을 사면 몇 배의 이익을 얻을 수 있습니까?"

"그건 이루 헤아릴 수 없다."

사유재산제도가 인정되고 각자가 처해진 여건에 따라 각기 다른 동식물이나 재화를 가지게 되자, 이를 단순히 채취하거나 경작하는 것보다 교환하는 것이 서로에게 득이 된다는 것을 사람들은 알게 되었다. 그런데 단순한 농업보다는 상업이 재물 증식에 열 배나 더 유리하고, 법과 제도를 지배하는 정치적 힘으로 전체를 다스리는 것이 상업보다는 헤아릴 수 없는 큰 힘을 가질 수 있음을 말하고 있다. 이 대화에서 이미 여불위의 엄청나고 무서운 야망의 조짐을 읽을 수 있다.

이야기의 내용은 이렇다. 중국 전국시대 말기에 진나라 소양왕의 손자 이인은 조나라의 인질로 보내졌다. 이때 여불위는 어려운 처지에 있는 이인을 만나고, "이것은 기이한 물건이니 사둘 만하다"고 생각하여 원대하고 엄청난 계략을 꾸미기 시작했다. 여불위는 진왕의 태자 안국군 후일의 효문왕이 가장 총애하지만 아들이 없는 화양부인을 주목하고, 온갖 금은보화로 공작하여 이인을 태자로 삼도록 안국군을 녹이게 했다. 자초라고 이름을 고친 이인에게 여불위는 조희라는 미인으로 하여금 시중을 들게 하였으며, 자초는 조희와 결혼하여 1년이 못 되어 아들을 낳았는데 조나라에서 태어났기에 조정이라 이름 지었다. 이 아이가 훗날 중국 천하를 통일한 최초의 황제인 진시황으로, 사실은 조희와 여불위의 자식으로 자초와 결혼하기 전에 이미 잉태했던 것이다.

효문왕이 죽자 아들 자초가 왕(장양왕)으로 즉위했고, 얼마 있지 않아 장양왕이 죽자 그의 뒤를 이어 13세의 조정이 드디어 왕이 되었다. 여불위는 조정의 어머니 조희와 둘만 아는 이 비밀을 숨겼고, 여불위의 권력은 막강해졌다. 그러나 세상에 완벽한 비밀은 없는 법이다. 여불위와 조희의 불륜은 곧 소문이 났고, 여불위는 이 사실이 아들 조정의 귀에 들어갈까 봐 태후를 피하지 않으면 안 되었다. 여불위는 여기서 또 하나의 엄청난 계책을 꾸며, 노애라는 사람을 환관으로 위장시켜 자신을 대신하여 조희의 욕망을 만족시켜 주도록 태후의 방에 들였다. 노애는 곧 태후의 마음을 사로잡았으며, 엉뚱하게도 자신의 아들을 왕으로 앉히려고 야망을 키우다가 실수로 모든 것이 발각되어 죽임을 당했다. 태후는 귀양 보내지고, 여불위는 관직이 박탈되었으나 결국에는 자살하고 말았다. 분서갱유를 비롯한 진시황의 잔인한 성격이, 결국 이러한 그의 출생과 성장의 배경과 무관하지 않을지도 모른다.

여불위의 꿈. 그것은 차마 인간으로서는 상상하기 어려운 무서운 꿈이었다. 정치를 이용하여 갖은 계략으로 천하의 권력과 부귀를 누렸지만 그의 행동의 근원은 의(義)를 떠났기 때문에 비극적인 '일개 정상배'라는 평가를 면할 수 없다. 그리고 정경유착*의 헛된 욕심이 얼마나 무서운 결과를 가져오는지에 대한 값진 교훈을 남겼다.

하지만 오늘날도 '여불위 드림'은 계속되고 있다. 민주사회가 된 지금도 정치의 힘은 막강하기에, 권력에 편승해 특혜를 얻으려는 사람들이 밀실에서 음모의 자금을 대며 온갖 술수를 쓰고 있다. 경제나 정치나 모두 사람이 잘살기 위한 수단이기에 완벽하게 분리될 수는 없다. 실제로 왕조시대의 거부(巨富)는 대체로 왕족 혹은 그들과 밀착한 사람들이었다. 그러나 인터넷 등 정보전달 수단의 발전으로 투명사회가 전개되고 있는 오늘의 현실에서는, 비윤리적으로 정치와 결탁된 사업은 일시적으로 크게 일으킬 수는 있어도 결국에는 모든 비밀이 드러나고 그 수명이 오래가지 못한다. 이것은 허망한 '여불위 드림'에서 보는 바와 같이 만고의 진리이다.

'부의 힘'은 참으로 위대하다. 일찍이 중국의 사마천은 『사기』「화식열전」에서 "대개 서민들은 상대방의 부가 자기 것의 열 배가 되면 이를 헐뜯고, 백 배가 되면 이를 무서워하여 꺼리며, 천 배가 되면 그의 심부름을 기꺼이 하고, 만 배가 되면 그

---

* 중국에서는 관상일체(官商一體)라고 불렀다.

의 노복이 되는데, 이것은 만물의 이치이다"라고 말했다. 그래서 누구나 부자가 되고 싶어한다.

동양에서는 평민으로서 인간이 누릴 수 있는 오복을 모두 누린 사람을 '곽자의 팔자'라고 했다. 당나라 때 안록산의 난을 평정하고 그 공로로 분양왕에 봉해졌으며, 공주 며느리를 얻고 상부尙父, 아버지처럼 숭상한다는 뜻라는 칭호를 받았으며, 95세까지 살면서 백 명의 손자를 둔 곽자의. 그는 동양인들이 꿈꾸는 오복을 두루 갖춘 사람으로 모든 사람들의 우상이었기에, 돈 있는 사람이면 「곽분양행락도郭汾陽行樂圖」 병풍 속에 손자를 안고 있는 곽자의를 꿈꾸며 부러워했다. 대만의 주역 대가인 남회근은 『주역강의』에서 곽자의의 이러한 복의 근원을 '노겸勞謙' 즉, 노력과 겸손에서 찾았다. 곽자의는 철저히 노력하면서 철저히 겸손했다.

이야기는 이렇다. 당나라 때 안록산이 반란을 일으키자 당나라 명황은 난을 피해 도망 다니며 어려움을 겪었다. 이때 난을 평정하고 황제를 구한 것이 곽자의였다. 황제는 한편으로 곽자의에게 고마운 뜻을 가지면서, 또 한편으로는 두려워했다. 곽자의가 반란을 일으킬지도 모른다는 생각에서 황제는 곽자의의 병권을 회수했다. 그는 주저 없이 그대로 따르고 병사 몇 명만 데리고 시골로 돌아가 조용히 살았다.

한참 뒤 서강의 난이 또 일어나자 황제는 다시 그에게 출병을 요구했고, 곽자의는 순순히 흩어진 병사들을 모아 난을 평정한 뒤 다시 병권을 내놓고 시골로 내려갔다. 그 뒤에 황제 측근의 환관들이 그를 시기하여 황제로 하여금 그의 부친의 묘를 파헤치게 한 적이 있었다. 새로 등극한 명황의 손자 대종이 곽자의에게 이런 사실을 사과하자 곽자의는 이렇게 말했다고 한다.

"폐하께서는 미안해하실 필요가 없습니다. 저는 몇십 년 동안 군대를 거느렸습니다. 제 부하가 다른 사람의 무덤을 파헤친 것이 얼마나 많을지 모릅니다. 이것도 인과응보인 것 같습니다."

남회근은 곽자의의 이러한 행동이 바로 '수고를 다하면서도 겸양하는' 대표적 사례로, '주역 64괘 중에서 오직 겸謙괘 하나만이 6효가 전부 길하다'고 말하며 곽자의의 복의 근원은 바로 이런 '노겸'에 있다고 말한다.

김종래는 『CEO 칭기스칸』에서 몽고의 칭기스칸은 알렉산더 대왕, 나폴레옹, 히틀러 세 정복자가 차지한 땅을 합친 것보다 더 많은 777만 평방킬로미터의 땅을 정복했으며, 그의 성공비결을 한마디로 요약하면 '꿈'이라고 말한다.

그리고 "그들은 한 사람이 꿈을 꾸면 꿈으로 끝날지 모르지만, 만인이 꿈을 꾸면 얼마든지 현실로 가꿔낼 수 있다는 신념을 지녔다. 미래를 향한 비전을 함께 지닌다면 얼마든지 세상을 바꿀 수 있다는 걸 그들은 알았다"고 말하면서 꿈의 위대성을 주장한다.

좋은 꿈은 그 자체로도 행복을 준다. 옛날 중국에 밤에 꿈을 꾸면 언제나 하인이 되는 주인과, 꿈을 꾸면 언제나 주인이 되는 하인이 살았는데 하인이 항상 더 행복하게 살았다고 하는 이야기가 있다. 꿈은 언제나 미래를 향해 열려 있고 가능성의 희망 속에서 자라기 때문에 현실이 어렵더라도 꿈을 가진 사람은 행복하다. 그러므로 이 세상에서 가장 무서운 말은 '꿈도 꾸지 마라!'는 말일 것이다.

그러나 그냥 '꿈꾸기'에 그치고 행동으로 옮기지 않는다면, 곡식 씨앗을 땅에 심지 않고 가슴에 품고 있는 몽상가의 생각에 불과하다. 꿈의 씨앗을 현실의 땅에 심어 실천의 물을 주고 거름을 주어 잡초와 벌레를 없애고 부지런히 가꾸어야 부의 열매를 거둔다. 그러므로 꿈을 꾼다고 모두 부자가 되는 것은 아니지만, 꿈꾸지 않고 부자가 된 사람은 없다. '꿈'은 부를 이루기 위한 충분조건은 아니라도 필요조건인 것이다.

온갖 어려움 속에서도 좌절하지 않고 집요하게 한 발자국씩 꿈을 향해 전진하는 사람이 결국에는 그 꿈을 현실로 바꾸어낸다. 부자는 바로 그런 사람이기에 존경하지 않을 수 없다. 때로 비난받는 부자가 있는 것은 '정당한 방법으로' 부를 얻지 않았고, 그 부를 '사회정의에 맞게' 쓰지 못했기 때문이다.

여불위의 아버지가 말한 바와 같이 농업이 열 배의 이익이 있다면 상업은 백 배의 이익이 있지만, 일찍부터 서양이나 동양에서는 상행위는 노예나 미천한 사람들이 하는 일로 천시했다. 우리나라에서도 '사농공상'이라 하여 상인을 가장 천시했다. 장사하는 사람이라는 뜻의 상인商人은 바로 '패망한 상商나라 사람'들이 이곳저곳 떠돌면서 가축장수를 하였다는 데서 유래되었다.

옛날 중국의 고대국가에 상*이라는 나라가 있었다. 성군으로 이름난 탕이 세운 나라로, 마지막 왕이었던 주왕은 애첩 달기에게 빠져 사람을 태워 죽이는 것을 낙으로 삼았다.** 이를 보다 못한 발이라는 신하가 일어나 주왕을 죽이고 상을 멸망시켜 새 왕조 주를 세우고 무왕이 되었다.

망국의 백성이 된 상나라 사람들은 재산권을 박탈당하고 최하층 천민으로 전락했으며, 무왕은 이들이 반란을 꿈꿀까 두려워 먼 지방으로 쫓아내고 가축이나 매매하면서 살도록 했

---

* 우리에게는 은(殷)나라로 더 잘 알려져 있다.
** 이것이 유명한 포락지형(炮烙之刑)이다.

다. 직업이 가축장수였으므로 그들은 이곳저곳 떠돌아다니면서 장사를 해야 했다. 그래서 '상나라 사람' 하면 '장사하는 사람'을 가리키게 되어 '상인'이라 부르게 되었다.

나라가 망하면 그 백성이 노예나 천민이 되기는 동서양이 같았다. 바빌론의 왕이 예루살렘을 약탈하고 불태운 뒤 유태인들을 포로로 데려가기 전까지, 유태인은 축복받은 땅에서 평화롭게 목축을 하는 민족이었다. 그 뒤부터 그들은 전 세계에 뿔뿔이 흩어져 방랑생활, 즉 디아스포라^{Diaspora}가 되어 그늘진 곳에서 인내와 지혜로 부를 쌓아갔다. 유태인의 부가 늘어나자 경쟁자들은 두려움과 함께 어느새 그들을 적대시하기 시작했다.

전쟁은 참으로 무서운 것이다. 죽은 사람의 원한이야 말할 것도 없겠지만 살아남은 사람도 갖은 고초를 겪는다. 우리나라의 개성상인도 패망한 고려 귀족들이 몰락하여 찾아 나선 삶의 방식이었다. 그러나 대체로 가난으로부터 부를 얻는 데는 '농農은 공工에 미치지 못하고, 공은 상에 미치지 못한다'고 한 사마천의 말은 사실로, 일찍이 여불위가 깨달은 바 있다. 화폐제도와 무역이 발달하면서 모든 재물이 거래되었고, 멸시와 천대 속에서도 상인은 큰돈을 벌고 부자가 되어 힘을 가지게 되었다.

조선시대의 사대부들은 돈을 직접 만진다는 이유로 상업을 천하게 여겼다. 하지만 대부분의 사대부들이 전국 각지에 토지를 갖고 있는 전주田主였기에, 뒤로는 소작인들이 바치는 쌀로 호의호식하면서 앞으로는 상업을 천대하는 이중적인 태도를 취했다. 앞에서는 역관들의 국제무역을 비난하면서도 뒤로는 국제무역품을 앞다퉈 사들였던 계층이 바로 양반 사대부였던 것이다.

사람들은 경제적으로 실패할 때마다, 손이 닿는 모든 것을 황금으로 바꿈으로써 사랑하는 가족과 먹는 음식까지 황금으로 바뀌게 하여 결국에는 못살게 된다는 미다스의 전설을 들먹거리면서 '세상에 돈이 전부는 아니다'라고 말하며 위안을 얻는다. 그러나 현실에서는 '세상에 돈으로 사지 못할 것이 없다. 다만 그 액수가 문제다'라고 말한 도스토옙스키의 솔직한 말에 고개를 끄덕이는 경우가 많다. 그렇다. 조금 과장하면 세상에 거래되지 않는 것은 없다. 그러나 정당한 거래에 의한 소유권만이 신성하다.

시련은 꿈을 더욱 단단하게 한다

 26년간의 대기근으로 인해 굶어 죽느냐 마느냐의 기로에서 새 땅을 찾지 않으면 안 될 절실한 이유를 생각한다면 헤레몬의 희생적 용단을 이해할 수 있을 것이다. 또한 헤레몬의 시련을 이해한다면 우리는 너무나 안이하게 성공을 얻으려 한 것은 아닌지 부끄러운 생각이 들 것이다.
 그렇다면 우리의 낙토는 어디인가? 낙토를 얻기 위해서 무엇을 희생했는가? 꿈의 섬을 찾았다고 모두가 바로 상륙할 수 있는 것이 아님은 헤레몬의 경우에서 잘 알 수 있다. 헤레몬의 8형제 중에서 상륙에 성공한 아들은 세 사람뿐이었다. 절벽으로 이루어진 아일랜드의 해안은 날씨가 좋을 때라도 상륙하기

어렵다. 더구나 폭풍우가 치는 날에 절벽으로 둘러싸인 섬은 진입장벽이 많기 때문에, 능력에 맞추어 상륙하기 좋은 지점을 찾지 않으면 마지막 단계에서 실패하고 만다. 헤레몬 일행의 상륙 장면을 좀 더 구체적으로 기술한 또 다른 자료를 보면 다음과 같다.

> 40명의 족장들을 태운 원정대는 여러 척의 큰 배를 타고 항해를 떠났다. 이들 속에는 밀레시우스의 여덟 명의 아들과 어머니 스코타, 그리고 이드의 아들 루가드도 있었다. 아일랜드의 해안에 가까이 오자 그들은 항구에 배를 대기도 전에 큰 폭풍을 만나 함선과 인력을 상당 부분 잃어버리게 되었다.
>
> 헤레몬의 형인 돈^{Donn}은 그가 탄 배와 부하들 모두가 흔적도 없이 사라져버렸고, 아라난^{Aranann}도 바다에 빠져 죽었다. 이르의 배는 남쪽 해안에서 파선되었고 그의 시신은 해안으로 밀려왔는데, 이곳은 케리^{Kerry} 주에 있는 딩글^{Dingle} 부근으로 여기에 그의 무덤이 있다.
>
> 헤레몬과 아이리치^{Aireach}와 콜파^{Colpa}가 탄 배는 아일랜드의 북쪽으로 떠밀려 갔다. 하지만 아이리치와 콜파는 드로게다^{Drogheda} 시 남쪽의 보인^{Boyne} 강 어귀에서 사라져버렸

으며 헤레몬만 홀로 구사일생으로 살아남아 상륙했다.

한편, 형 헤버와 막내 동생 아메르긴은 그의 어머니인 스코타, 루가드와 함께 케리 주에 있는 지금의 벤트리Bantry 부근에 상륙했고 나중에 헤레몬과 합류했다.

나는 헤레몬이 경쟁을 하면서 손목을 잘라 던진 상륙 지점이 어디일까 궁금하여 여러 자료를 찾던 중, 그곳이 스트랭포드의 해안이라고 주장하는 기록을 발견했다. 신화를 연구하는 사람들은 스트랭포드 근처의 해안이 헤레몬이 손목을 던진 바로 그 해안이라고 주장하고 있다. 바다 가운데로 돌출된 육지의 끝, 바다에서 바라볼 때 처음 마주치는 육지. 그곳이 바로 스트랭포드라는 것이다.

그러나 엄밀히 말해서 스트랭포드가 아일랜드의 동쪽 최첨단은 아니다. 그곳은 스코틀랜드와 가장 가까운 지역이며, 켈트 해를 거쳐 세인트조지 해협을 지나 아이리시 해를 따라 올라오다가 스코틀랜드 앞에 있는 맨Man 섬에서 아일랜드에 가장 가까우면서 절벽해안을 지나 배가 쉽게 접안할 수 있는 해안 중의 하나일 뿐이었다. 헤레몬의 배가 풍랑 때문에 북쪽으로 떠밀려 당도한 곳이 스트랭포드라는 것이다.

항구의 중요성은 육지와 바다를 연결해주는 고리라는 점에 있다. 바다를 항해하는 배는 안전한 항구를 확보하는 것이 무엇보다도 중요하다. 안전한 항구를 확보하지 못한 배는 착륙장이 없는 비행기처럼 육지에 내릴 수 없고 위험하기 짝이 없다. 누구에게나 낙토를 꿈꿀 수 있는 자유는 부여된다. 하지만 좋은 섬을 발견했더라도 상륙할 적절한 항구를 찾지 못하면 바다 위에서 떠돌고 만다. 비행기 사고가 이륙과 착륙 시에 가장 많이 일어나는 것도 그런 이유 때문이다.

사업에 있어서도 마찬가지이다. 좋은 사업거리를 발견했더라도 접근성이 어렵거나 진입장벽이 있으면 실행에 옮기기 어렵다. 새로운 기업이 어떤 산업에 신규로 진입할 때 맨 먼저 부닥치는 진입장벽을 살펴보면 대개 다음과 같다. 크게는 경쟁자의 집요한 방해일 수도 있고, 큰 자본이 필요한 특별한 시설이 될 수도 있으며, 특별한 노하우일 수도 있고 제도적 제한일 수도 있다. 그러므로 이러한 장벽을 피해가며 우선은 정박하기 쉬운 낮은 곳을 잘 택해야 한다. 그것은 마치 아일랜드 해안의 절벽과 흡사하다. 절벽 사이로 흘러나오는 강어귀 또는 호수가 있는 곳이 바로 상륙을 위한 적지이다. 헤레몬에게 있어서는 스트랭포드가 그런 접근성이 좋은 항구 중의 하나였던 것이다.

앞의 이야기에서 결정적인 순간에 패배한 더모트가 순순히 승복했을지 여부가 몹시 궁금할 것이다. 더모트로서는 다소 억울하지만 어쩔 수 없었을 것이다. 그것이 게임의 룰이었기 때문에.

나는 이 전설을 듣고 처음에는 혹시라도 승부 방식이 공정하지 않은 것이 아닐까 하고 의심해보기도 했다. 그러나 '손이 먼저 닿는 사람이 승자'라는 뚜렷한 게임 룰이 있었고, 구체적인 조건까지 세세하게 제시하지 않았기 때문에 그 게임은 결코 불공정하다고 할 수 없다.

게임의 룰은 냉정하다. 어떤 게임이나 경쟁 상황에서도 구체적인 조건까지 완벽하게 다 설정하는 경우는 거의 없다. 냉혹한 전쟁이나 비즈니스 세계를 생각하면 이러한 상황이 충분히 실감나게 가슴에 와 닿을 것이다. 그래서 경쟁의 현장에서는 항상 비상한 방법까지 동원하기 마련이다.

그런 의미에서 콜럼버스가 세운 달걀 이야기는 너무나 유명하다. 달걀의 한 모퉁이를 툭 깨어 테이블 위에 간단하게 세운 콜럼버스를 보고 "그렇게 세울 바에야 누군들 못 세울까"라고 뒤늦게 이의를 제기해봐야 이미 늦은 것이다. 콜럼버스가 세우기 전에는 아무도 그렇게 세우지 못했다는 것이 중요하다. 오늘날 우리가 접하는 수많은 발명품들이 처음 발명될 때는 이런 '달걀 세우기'와 흡사한 것을 사후에 와서야 알게 되는 많은 경우를 봐도 알 수 있다.

그렇다면 패배자 더모트는 어디로 갔을까?

전설에 따르면 막연하게 '서쪽으로 갔다'고 하지만 자세한 행적은 전해지는 바가 없다. 아일랜드의 서쪽은 척박한 산악지대이니, 그의 행로가 그리 순탄치는 않았다는 사실을 상징적으로 나타낸다고 볼 수 있다.

언제나 그렇듯이 역사는 철저하게 승자의 몫이다. 철저한 '승자독식'의 원칙에서 2등과의 공존은 없다. 승자독식은 서양식 게임의 중요한 원칙 중의 하나이다. 미국의 대통령 예비선거에서 단 한 표라도 더 많이 얻은 후보가 선거인단을 모두 차지하는 방법도 옛날부터 내려오는 이런 승자독식의 흔적이라 볼 수 있다. 결정적인 순간에 헤레몬의 용단이 없었더라면, 지금의 오닐 가문은 전해지지 않았을 것이고 경쟁자였던 더모트의 가문이 흥했을 것임은 말할 필요도 없이 분명하다.

『위대한 패배자』를 쓴 볼프 슈나이더는 서문에서 '몇 사람을 제외하고 우리는 모두 패배자'라고 말하며, 지구를 '좌절의 별'이라 불렀다. 그러면서 오늘날에는 모든 사람이 돈과 권력, 명예, 명성, 메달을 향해 끊임없이 경쟁을 벌이는 체제로 바뀌었고, 그로 인해 다수가 낙오하고 패배할 수밖에 없음을 강조하고 있다.

여기서 헤레몬과 더모트가 무력을 앞세운 전쟁이나 결투로 상대를 제압하는 대신, 스포츠에 가까운 시합으로 승자를 결정하도록 한 사실에 주목할 필요가 있다. 이것은 지극히 평화적이고 효과적인 발상이라 할 수 있는데, 앞서 본 바와 같이 경쟁자의 힘이 서로 비등할 때 채택하는 방식이다.

헤레몬이 대륙에서 건너온 켈트 족이 분명하다면, 그와 경쟁한 더모트는 원주민이라기보다는 헤레몬과 대등한 힘을 가졌던 동료나 형제로 볼 수 있다. 원주민과 이주민은 문화나 힘에 있어서 현격한 차이가 있는데, 이처럼 평화롭게 게임으로 경쟁하여 영토를 얻는 것은 불가능하기 때문이다. 무엇보다 헤레몬이 상륙할 때는 가족 중심의 지도자들이 선두가 되었기 때문에 두 사람에게 게임을 통해서 승부를 가리도록, 밀레시우스가 미리 유언을 남겼을 것이라고 자연스럽게 추정된다.

그리고 만약 매케인의 이야기대로 말 타기 경주를 하다가 마지막으로 강을 건너는 시합을 했다면, 문장 속에 말 그림이 그려져 있을 법한데 말은 전혀 없고 물고기가 있다. 또한 강을 건넜다고 한다면 얼스터 지역과 남부 지역을 뚜렷이 경계 지을 만한 강이 있어야 하는데 이런 특별한 강이 없다는 것도, 두 사람이 강을 건너는 말 타기 경주를 하지 않았다는 사실을 뒷받침해준다. 즉 이들은 바다에서 게임을 벌였고, 그것은 바로 헤레몬과 더모트가 서로 대등한 위치에 있었다는 뜻이 된다.

유전자 만들기

핵심가치

3

상징으로 구심점을 만들다
모든 아들은 위대한 아버지를 닮고 싶어한다
목표는 진화한다
같은 곳을 바라보게 하는 힘

밀레시우스의 후손들이 아일랜드에 상륙하고 난 뒤 새 나라에서는 특별한 법을 만들었다. 그것은 밀레시우스의 아들인 헤버, 헤레몬 및 이르의 후손과 밀레시우스의 삼촌 이드의 아들을 제외하고는 그 누구도 왕국의 통치권, 즉 왕권을 계승할 수 없다는 것이었다.

이러한 법은 공식적으로 올람 Ollam, 고사연구가 또는 문장가이 집행했는데, 이 사람의 임무는 모든 왕실 사람의 계통과 용맹스러운 업적을 기록하는 일이었다. 올람 중에서 특히 포드라 Fodla라는 사람이 있었는데, 그는 매우 높은 학식으로 유명하며 밀레시우스의 후손들이 상륙한 지 3세기 정도 뒤인 기원전 680년경에 왕의 자리에 오르기도 했다.

올람은 아일랜드의 중심 가까이에 있는 타라 Tara에서 매 3년마다 10월 또는 11월에 나라 전체의 각 종족 대표가 모이는 원로회의를 열었는데, 여기에는 귀족, 드루이드 사제, 역사학자, 지식인들이 모두 참석했다. 이 회의에서 왕은 참석한 각 종족의 대표에게 그들의 가문을 나타내는 문장을 앉은 자리 뒤편 벽에 내걸도록 했다. 당시에는 글을 아는 사람이 적었기 때문에, 이렇게 그림으로 나타낸 깃발이 가문을 나타낼 수 있는 표지였던 것이다.

— 『아일랜드의 밀레시우스 가계 계통사』 중에서

상징으로 구심점을 만들다

앞의 이야기를 통해 아일랜드에서 왜 가문을 나타내는 문장이 유별나게 발달했고, 일찍부터 성씨가 발전되었는가를 잘 알 수 있다.

 밀레시우스의 후손들은 오랜 염원 끝에 어렵게 정복한 영토였기에, 밀레시우스의 후손들이 아니면 그 누구도 아일랜드의 왕이 될 수 없다는 강력한 법을 제정했다. 그리고 이를 엄격하게 실천하기 위해서는 누가 왕의 후손인지를 정확히 확인하고 판단하여 기록하는 올람이라는 심판관이 필요했던 것이다. 왕의 혈통인지 여부가 중요한 것이지, 맏이 즉 장자인가 아닌가는 중요하지 않았다. 그때만 하더라도 장자상속제도가 정착되지 않았기 때문이다. 기원전 5~3세기인 그때는 모든 것이 구술로 전해졌고 글을 아는 사람이 극히 적었기 때문에, 당시의 지식인이었던 올람은 매우 존중되었음이 분명하다.

매 3년마다 열리는 부족회의에서 각 부족을 대표하는 사람들은 각기 판관을 대동하고 그들 족장 및 왕자의 탄생, 죽음, 유언, 업적 등 모든 것들을 보고했다. 그리고 이러한 사실은 함께 온 각 부족의 세 명의 왕자와 세 명의 드루이드 사제 그리고 세 명의 역사가들에 의해 확인되었다고 한다. 만약 그 사실이 거짓임이 밝혀지면 무서운 벌이 내려졌다고 한다.

이렇게 3년마다 열리는 부족회의에서는 각 종족을 상징하는 문장을 걸도록 했는데, 각 종족들은 문장 속에 자신들의 자랑스러운 선조들의 업적을 잘 나타내는 여러 상징물들을 그려 넣었다. 무서운 뱀을 죽인 용감한 사람일 경우에는 죽은 뱀과 칼을 그려 넣거나, 거친 바다를 건너왔다면 파도나 배를 그려 넣기도 했다. 이를테면 오디아O'Dea 족의 문장이나 오도노반 O'Donovan 족의 문장에 나타나는 죽은 뱀과 칼 그림은 그들의 선조가 무서운 뱀을 죽인 용감한 지도자였음을 나타낸다.

그렇다면 헤레몬의 후손들은 어떤 문장을 내걸었을까?

헤레몬 오닐 가문의 문장은 옆에서 보는 그림과 같다. 이것은 오른손을 자른 헤레몬의 위대한 왼손이다. 이 문장 속의 그림에

초기 오닐 가문의 문장

출처: www.araltas.com/features/oneill/

는 분명히 왼손이 그려져 있는 것에 주목할 필요가 있다.

상징은 원리를 가르치는 매우 중요한 방법으로, 중요한 아이디어나 개념의 내적 심상을 표현한다. 강렬한 붉은 손은 헤레몬이 결정적인 순간에 오른손을 자른 바로 그 왼손이다. 헤레몬의 후손들은 이 '붉은 손'만 보면 그들의 용감했던 선조가 아슬아슬하게 뒤지던 순간에 죽을힘을 다해 피 묻은 손을 뭍으로 힘차게 던지는 모습을 떠올리고 용기백배했을 것이다.

이 단순한 하나의 그림은 백 마디의 말보다 더 강력한 힘을 가지고 있다. 모든 경쟁에서 물리적 힘이 가장 필요했을 당시에 불굴의 '용기'와 결정적인 순간의 '용단'이 얼마나 중요한 성공의 요인인가는 말할 필요조차 없다.

인간은 상징을 갈망한다. 그래서 조직의 응집력을 키우는 방법으로 상징을 이용하기도 한다. 영국, 일본, 네덜란드, 스웨덴 등이 민주주의 국가이면서 아직도 국왕을 두고 있는 이유는, 비록 정치적 실권을 행사하지는 않지만 왕이 국민을 단결시킬 수 있는 구심점 역할을 하기 때문이다.

이렇게 위대한 창업자의 기본이념이 후대에도 계승될 수 있는 시스템을 만들고자 하는 희망에서 상징은 확립되어 간다.

기업에서도 상징과 언어적 요소는 기업의 내부적 통합과 구성원들 간의 동질성을 파악하는 데 매우 중요한 것으로 지적된다. 신유근 교수는 '상징'이라 함은 일반적으로 조직이나 구성원들의 가치 또는 신념이 어떤 구체적 대상물에 의하여 특징적으로 표현되는 상태를 말한다고 했다. 이러한 상징으로는 크게 물적 상징, 구두 상징, 활동 상징의 세 가지가 있는데, 물적 상징은 회사 마크, 건물, 유니폼, 마스코트 등의 유형적 형태로 기업의 가치와 신념을 표현한 것이다. 구두 상징은 이야기 형태로 된 영웅담, 별명, 전설, 에피소드, 사보, 사가 등을 가리킨다. 세 번째인 활동 상징은 의례, 의식, 기념식, 명상의 시간, 체육대회, 축제 등으로 직원들에게 기억할 만한 경험을 제공하는 것을 말한다.

메르세데스 벤츠의 빛나는 '세 꼭지 별three pointed star'은 '땅과 바다와 하늘'을 아우르고자 했던 고트립 다임러의 기상을 심벌로 나타낸 것으로, 품질과 안전을 나타내는 세계적인 마크가 되었다. 이밖에도 명품 브랜드의 유명 로고는 모두 이러한 물적 상징의 유물이다. 나이키의 트레이드마크로 마치 칼자국같이 생긴 로고 '스우쉬swoosh, 쉭 하는 소리'는 다른 어떤 구호보다도 강력하게 스포츠를 좋아하는 사람들의 시선 속으로 파고든다. 이것은 그리스신화에 나오는 승리의 여신 니케Nike의 한쪽 날개를 상징한다. 1962년에 출발한 나이키는 1979년에 이르러 가장 인기 있는 회사 가운데 하나가 되었다. 여기에는

헤레몬의 손이 그려진 여러 가문의 문장 출처: Michael C. O' Lauglin, *The Irish Book of Arms*

MacAwley

MacDonlevy

O'Daly

**O'Brennan
(Connaught)**

MacCartan

MacKeown

**MacLoughlin
(O'Melaghlin)**

MacEvoy

**O'Cullen
(Leinster)**

MacGenis

승리의 여신의 날개가 가지는 강력하고 선명한 스우쉬 로고의 이미지가 크게 작용했으리라 생각된다.

아일랜드의 여러 가문을 나타내는 문장을 모은 책 『아일랜드의 문장서 The Irish Book of Arms』에는 2백여 개의 문장이 소개되고 있는데, 그중에서 헤레몬의 손 모양이 들어간 것이 무려 스물여섯 개나 된다.

그것은 오닐 가문을 비롯하여, 오라일리 O'Reilly, 오퀸란 O'Quinlan, 오쉴 O'Shiel, 오쿨렌 O'Cullen, 오쿨리난 O'Cullinan, 오달리 O'Daly, 맥돈리비 MacDonlevy, 맥도넬 MacDonnell, 오도넬리 O'Donnelly, 맥어보이 MacEvoy, 폭스 Fox, 맥기니스 MacGenis, 맥조지간 MacGeoghegan, 맥올리 MacAwley, 오브레난 O'Brennan, 오브라이언 O'Byrne, 맥카탄 MacCartan, 맥휴 MacHugh, 키인 Keane, 매케인 MacKeown, 맥러플린 MacLoughlin, 오프라티 O'Flaherty, 오키프 O'Keefe, 오망간 O'Mangan, 오멀빌 O'Mulvihill 등이다. 엄밀하게 말해서, 이들 가문이 모두 헤레몬의 후손들이라고 할 수 있다. 앞에 소개된 그림들은 그중의 일부이다.

그렇다면 오닐 가문에서 이러한 문장을 사용한 것은 언제부터일까? 전설에 의하면 올람의 명령으로 기원전 600년 전부터 타라의 언덕 Hill of Tara에서 종족대표회의가 열릴 때 걸도록 했다고 전하나 정확한 기록은 없다. 기록상 처음 나타나는 문장은 기독교가 들어오고 난 훨씬 뒤인 12세기 이후라고 보고 있다. 기독교가 들어온 뒤에 오히려 더 많은 가문에서 이러한 문장들을 만들고 자랑스러운 선조의 전통을 지키려 했던 것은 다소 의외라고 할 수 있다.

인간에게는 자신의 신체와 정신을 오래 가지고 싶어하는 본능이 있다. 유한한 시간 동안 살다가 죽어가는 개체로서 숙명적 생명의 한계를 극복하기 위해, 자손을 낳고 그 자손에 의해 영원히 자신의 생명이 이어지기를 바라는 것이다. 이러한 종족 유지 욕구는 성적본능으로 표출되고 모든 행동의 원초적인 힘이 되기도 한다. 여기에는 육체적인 생명과 더불어 정신적 신념도 함께 유전되기를 바라는 욕구가 들어 있다.

이러한 욕구 때문에 인간은 자신이 평생 동안 쓰고도 남을 만큼 많은 재물을 모아두었다가 자식에게 유산으로 물려줌으로써 생명을 연장시키고자 하는 상속의 허상을 가지고 있다. 그러나 대부분의 경우에는 지혜가 동반되지 않은 상속 재물은 금방 사라져버린다. 그래서 현명한 사람은 자식에게 지혜를 남기고 어리석은 사람은 재물만 남긴다.

예부터 동서양을 막론하고 정치와 부의 결탁, 소위 정경유착은 흔히 있어 왔다. 앨빈 토플러는 『권력 이동』에서 힘의 중심은 크게 '물리력, 정치력, 자본력, 지식력'의 순서로 움직여가고 있다고 본다. 사람들은 본능적으로 권력의 중심에 가까워지기를 바라고, 그러기 위해서 여러 사람이 힘을 합쳐 연대를 모색한다.

여러 결합 방법 중에서 가장 강력한 연대 방법은 혈맹으로 한 가족이 되는 것이므로, 결혼에 의한 가문 간의 결합은 기득권자들이 특권을 누리기 위한 전형적인 방법이다. 고려를 세운 태조 왕건은 수많은 지방호족들의 딸들과 결혼함으로써 스스로는 정치적 안정과 함께 왕조의 기초를 다졌고, 지방호족들은 기존의 지위를 보장받게 되어 서로 윈윈할 수 있었다. '왕대밭에 왕대 난다'는 속담은 이러한 사실을 정당화하려는 의도를 말해준다. 부자들이 가문 간의 결혼을 통해 그들만의 노하우를 공유하고 네트워크를 형성하면서, 외부 경쟁에 대항하여 일종의 독과점 체제를 조성하고 합법적인 불공정거래체제를 형성하려는 것도 이러한 전략의 일환이다.

그러나 이러한 정략적 결혼은 때로는 가문 간의 갈등을 심화시키는 부작용을 낳는 경우도 있다. 이러한 결혼은 부모 간에 이해관계가 맞아 '우리 사돈하세' 해서 되는 경우도 있고, 중매하는 매파가 양쪽 가문을 오가며 곡예를 하듯이 엮어내는 경우도 있고, 혹은 자연스럽게 당사자끼리 연애해서 결혼에 이르는 경우도 있다. 공통적인 것은 이들의 머릿속에는 '부자

성골·진골' 의식이 있다는 것이다. 서울신문사 산업부가 펴낸 『재벌가 맥』을 보면 우리나라 재벌들이 서로 사돈의 사돈으로 복잡하게 얽혀 있음을 알 수 있는데, 이것은 바로 부자들의 골품의식 때문이라 할 수 있다.

그렇다면 부자는 부자만이 가지는 독특한 DNA가 따로 있는가? 부자와 부자가 결혼으로 결합하면 그 자식은 과연 부자 DNA를 가지는가? 이러한 물음은 매우 흥미로운 과제다. 그러나 성급하게 결론부터 말한다면, 생물학적 부자DNA는 따로 없다. 세포 속에 있는 DNA 디옥시리보핵산라는 물질이 유전을 결정한다는 사실의 발견은 '20세기 생물학의 혁명'이라 할 수 있다. DNA의 이중나선구조를 밝혀내고 그 염기서열을 밝혀 게놈프로젝트를 완성하고, DNA를 증폭하고 조작하여 복제나 유전자치료를 시도하는 인간은 이제 신의 영역까지 넘보는 엄청나고 무서운 유혹에 빠져들고 있다.

부자나 지도자들의 공통된 특성이 무엇일까를 연구한 여러 책에서 근면, 성실, 절약, 도전, 창의성 등의 요인을 제시하고 있기는 하다. 하지만 이러한 것들은 성공 조건 중의 일부에 지나지 않기 때문에, 이런 요인만 갖추었다고 다 부자가 되지 않는다는 것은 너무나 분명하다. 부가 이루어지는 것은 개인적으로 가진 이러한 특성과 그때의 상황과 사회적 조건이 적절히 결합되어 이루어진 복합적 결과다. 그리고 개인이 가진 이러한 특성들은 유전에 의한 것이기보다 학습에 의해 달라질 수 있기 때문에 DNA라 할 수 없다. 부자는 유전되는 것이 아니라 후천적인 노력에 의해 구축되는 것이라 할 수 있다.

죽은 뒤에도 자신의 신념이 계속 인정받기를 원하는 것이 인간의 욕망이다. 생물학적 개체로서가 아니라 자신의 신념이 다음 세대에도 인정받고 싶은 본능을 나타낸 특이한 예로, 벤담의 다음과 같은 일화를 들 수 있다. 런던대학교의 회의실에는 지금도 유리 케이스 속에 제러미 벤담이 앉아 있다. '최대행복의 원리'로 대변되는 공리주의를 주장하여 너무나도 유명한 벤담은, 부유한 변호사 아버지로부터 물려받은 재산 덕분에 평생을 사색과 집필에만 몰두한 이상주의자였다. 그는 뉴턴의 '만유인력의 원리'가 물리학의 기초가 되듯이, 도덕이론의 기초에는 이 '최대행복의 원리'가 있다고 주장했다. 그는 『도덕과 입법의 원리서설』이라는 저서에서 개인의 쾌락과 고통은 어떤 식으로든 객관적인 방법에 의해 측정 가능하고, 그것을 모두 더하여 '사회의 쾌락 총계'가 가장 높도록 법을 만들어야 한다고 주장했다.

벤담이 런던대학교 회의실 유리 케이스 속에 앉아 있는 사연은 참으로 충격적이다. 벤담은 부유한 아버지로부터 물려받은 전 재산을 런던대학교에 기증했는데 좀 특이한 조건을 내걸었다. 자신의 '유해'를 대학의 모든 회의에 출석시킨다는 조건을 달았다는 것이다. 이런 조건이 받아들여져 그의 유골은 박제처럼 속이 채워진 채 옷을 입고 밀랍 머리를 얹은 상태로 대학의 회의실 유리 케이스 속에 앉아 있게 되었다. 그리고 그의 조건에 따라 지금도 평의회에서 그의 출석을 체크한다는 일화도 전해지고 있다. '제레미 벤담, 출석. 그러나 투표는 하지 않음.'

유산을 기부하면서 이만큼 강력한 메시지를 남기고 간 부자가 또 있을까? 벤담이 죽은 지 170년이 넘었지만, 런던대학교의 중요 회의 때마다 참석자들은 유리 케이스 속에서 '공리주의!'를 뇌이면서 자신들을 보고 있는 벤담의 시선을 외면할 수 없을 것이다.

자신의 신념이 사후에도 계속 남기를 바라는 마음은 자녀교육을 통해서도 나타난다. 발렌베리 가에서는 '강인한 의지와 국제적인 시각을 가진 유능한 경영자'로 자녀를 교육시키기 위해, 남자 아이들은 대부분 스웨덴 해군사관학교에 입학시켰다. 이는 거친 바다 생활이 강인한 정신력과 넓은 시야를 길러주고, 바다로 나가야만 살 수 있다고 믿었던 창업자 앙드레의 영향 때문이었다.

발렌베리 가는 또 하나의 독특한 자녀교육 방법을 보여주고 있다. 집에 사업상의 손님을 맞이하게 되면 항상 아이들을 문 옆에 앉혀 대화를 듣도록 한 다음, 손님이 돌아가고 나면 아이들에게 왜 자신이 그런 이야기를 했으며 상대방은 왜 그런 반응을 보였는지에 대해 이야기를 나눈다는 것이다. 이와 함께 매주 일요일 아침에는 아이들과 함께 숲을 거닐며 선조들의 위대한 업적에 대해 들려준다고 한다. 이렇게 하여 조상들의 의지가 후손들에게 잘 전해 내려가도록 하고, 아이들이 자연스럽게 사업적 감각을 체득할 수 있도록 만드는 것이다.

모든 아들은 위대한 아버지를 닮고 싶어한다

'오닐'이라는 성이 처음부터 쓰여진 것은 아니었다. 헤레몬의 후예들은 조상의 용맹스러웠던 정복 신화를 언제나 잊어버리지 않으려고 노력한 증거로 '붉은 손' 문양을 방패 문장 속에 그려 넣고 이것을 기억했다.

헤레몬으로부터 여러 세대를 지나 379년에서 406년까지 27년간 타라의 왕좌를 차지하여 아일랜드의 대왕을 지내면서, 아일랜드는 물론 스코틀랜드와 영국 및 웨일즈의 많은 영역까지 점령하여 세력을 넓히고 이름을 떨친 대왕이 있었다. 그의 이름은 니알^{Nial}이었고, 이 이름은 챔피언 즉 정복자라는 의미를 가졌다. 그는 정복한 지역에서 인질을 데려와 볼모로 잡았다고 해서 '아홉 볼모의 니알Nial of the Nine Hostages'이라는 별명을 얻기도 했다.

그때까지만 해도 대를 이어 연속해서 이어지는 성이 뚜렷하게 정해져 있지 않았다. 그런데 니알이라는 걸출한 정복자가 나타나자, 니알의 후손들은 위대한 니알의 자손임을 상기하며 이를 자랑하고 싶어서 이름 앞에 '니알의 후손'임을 뜻하는 것으로 '오닐'이라는 성을 붙이게 되었다.

니알 모르Nial Mor는 헤레몬의 후손으로서 중시조라 할 만큼 걸출한 인물이었다. 그는 어렸을 때 사악한 계모에 의해 발가벗긴 채로 언덕에 버려졌는데, 한 방랑시인이 그를 거두어 길렀다고 한다. 후일 왕이 된 니알은 아일랜드뿐만 아니라 스코틀랜드와 픽트 등 이웃 나라와 동맹을 맺고 프랑스 대륙에까지 원정을 감행한 드문 왕이었다.

이러한 원정은 놀라운 결과를 가져왔다. 니알이 통치하며 스코틀랜드와 프랑스로 세력을 뻗어나가고 있던 이 시기에, 훗날 성인聖人이 된 열여섯 살의 어린 성 패트릭이 포로로 아일랜드에 잡혀 왔던 것이다. 패트릭은 노예로 팔려 6년간 양치기로 살다가 어느 날 천신만고 끝에 대륙으로 향하는 짐배를 타고 고향으로 돌아갔다. 성직자가 된 그는 다시 아일랜드로 돌아와 드루이드교를 믿는 켈트 인들에게 복음을 전하였다.

성 패트릭은 초기에는 지역의 귀족들을 개종시키는 데 힘을 기울여 선교에 성공했으며, 교회는 이를 인정해 그를 아일랜드의 초대 주교로 임명했다. 니알은 이교도인 채로 죽었지만 그의 해외 원정은 아일랜드에 기독교를 불러들이는 계기를 만들었고, 그의 후손 중에는 수많은 사람이 성인으로 시성되는 놀라운 결과를 가져왔다. 이것은 전혀 뜻하지 않은 결과였다.

니알은 두 번 결혼했으며, 열두 명의 아들을 두었다. 그의 맏아들이 이오간Eoghan인데 이것은 오늘날 유진Eugene이나 오웬Owen으로 불리며, 이오간의 영토를 티르-이오간Tír Eoghan이라 하여 오늘날의 티론 카운티Tyrone County가 생기게 되었다.

1919년 영국에서 한 고고학자가 호노리우스 황제가 통치하던 로마시대395~423년의 은접시와 은화를 다량 발굴했는데, 그것은 1854년에 북아일랜드의 런던데리에서 발굴된 것과 거의 같은 것이었다. 이 발굴은 영국 역사학자들에게 커다란 의문을 던져주었다. 이 은화가 어떻게 대륙으로부터 영국으로 그리고 아일랜드로 옮겨졌을까 하는 것이었다.

로마의 황제 테오도시우스 1세가 죽자 프랑스, 색슨, 픽트, 스코틀랜드와 아일랜드 등에게는 유럽대륙으로 진출하는 청신호가 되었다. 호노리우스는 그의 아버지 테오도시우스를 계승하고 로마군대를 파견하여 이들 침략자들을 진압했다. 그러나 아일랜드의 침략자는 뜻을 이루지 못했다. 로마 역사학자의 주장에 의하면, 그 당시 아일랜드에는 강력한 지도자가 있어서 픽트 족, 색슨 족 등과 공조하여 강력하게 방어했다고 한다. 그 강력한 지도자가 바로 니알이었다는 것이다. 니알은 연합군을 이끌고 프랑스로 진출했다가 돌아오는 길에 영국해협에서 화살을 맞고 죽었다. 몇몇 역사학자는, 앞에서 발굴된 은화와 은접시는 니알이 죽자 그의 동료들이 대륙에서 가지고 온 것을 묻은 것이라고 주장하고 있다.

다시 오닐이라는 성에 대한 얘기를 해보자. 그러니까 엄밀히 말하면 헤레몬 오닐의 경우도 실제로는 오닐이라는 성을 쓰지 않았다. 헤레몬의 먼 후손이며 니알의 후손인 돔날 Domhnall이라는 사람의 이름 앞에 성이 붙어 '오닐 돔날'과 같이 성과 이름을 함께 썼고, 이것을 처음으로 기록한 것은 943년부터이다. 당시에는 극소수의 귀족들만 성을 가졌고, 모든 사람들이 보편적으로 저마다의 성을 가지게 된 것은 훨씬 뒷날에 정부에서 개인에게 소위 인두세라는 세제를 징수하면서부터라 할 수 있다.

켈트 사회는 부족마다 가족 단위로 이루어진 사회구성원이 모여 더 큰 부족의 구성원을 이루었으며, 각 지역을 통치하는 군소 왕과 족장이 1백여 명 이상이 있었다고 한다. 지금은 핵가족화되어 한 가정이 두세 명의 가족으로 변했지만, 불과 20년 전까지만 해도 아일랜드에서는 무려 열 명 이상의 자식을 둔 대가족이 흔했다고 한다. 이것은 남아를 중심으로 가문을 이어가려는 오랜 전통을 나타내는 증거라고 볼 수 있다.

3세기에 위대한 코르막^{Cormac} 왕이 등장하여 법률과 제도를 정비하여 왕실의 위엄과 권위를 세웠고, 왕이 죽고 난 뒤 다소 약해졌던 드루이드 신앙의 힘이 다시 회복되는 조짐을 보였다. 그 뒤 5세기경 위대한 헤레몬의 후예로서 아일랜드는 물론 주변의 스코틀랜드와 웨일즈 등을 지배한 위대한 정복자 니알의 후예임을 자랑하려고 붙인 성씨가 오닐이다.

서양에서 성씨로 처음 등장한 것 중의 하나가 니알 또는 닐이다. 처음에는 그냥 '닐'이라고 불렀고, 그 다음의 제2세대에서는 맥닐$^{McNeil, MacNeil}$이라고 불렀으며, 제3세대째는 오닐$^{O'Neil}$이라 불렀다. 즉, 이름 앞에 붙는 맥^{Mc}은 '누구누구의 아들'이라는 의미이고, 오^{O}는 '누구누구의 손자'라는 의미이다.

처음에 오닐 가에서 이렇게 성을 붙이자 얼마 뒤에는 오닐 가 뿐만 아니라 얼스터의 많은 씨족들이 자랑스러운 선조의 이름 앞에다 '맥' 또는 '오'를 붙여 누구누구의 후손임을 나타내는 성씨가 유행하게 되었다.

모든 자식들은 위대한 아버지를 닮고 싶어한다. 아버지를 닮지 못한 자식은 '불초소생不肖小生'이라는 말로 자신을 자책한다. 여기서 '초肖'는 '닮는다'는 의미이다. 이렇게 조상을 닮고 싶지만 동양에서는 조상의 이름을 그대로 자식의 이름에 함부로 붙이지 않는다. 혹시라도 이름이 겹쳐서 조상님의 명성에 누가 되지 않을까 조심에 조심을 거듭한다. 그러나 서양에서는 훌륭한 조상의 이름을 후손들이 몇 차례고 다시 붙여 쓰기를 좋아한다. 그래서 서양의 족보에는 같은 이름이 수없이 등장하기 때문에, 연대를 자세히 보지 않으면 착각하기 쉽다.

오늘날까지도 명맥을 이어오는 얼스터의 대표적인 씨족으로는 오닐 가문을 위시하여 오칸O'Chan, 맥세인McShane, 오라일리, 매케인McCain, 오리건O'Regan, 오모르O'More, 맥도넬, 오캐럴O'Carroll, 오도넬O'Donnell, 맥쇼트MacShort, 겔라거Gallager, 멕러플린, 오퀸O'Quinn, 도넬리Donelly, 비셋Bisset, 캐논Cannon, 맥카탄McCartan 등이 있다.

남아를 선호하는 동양에서는 부계중심으로 오래 계승되는

아일랜드의 켈트 씨족의 분포

출처: 타임라이프 북스, 『유럽의 정복자 켈트 족』

성씨가 여럿 있지만, 서구에서는 이렇게 계속해서 같은 성씨를 써왔던 종족이 그리 흔하지 않다. 아일랜드에서 오닐이라는 성씨는 가장 오래된 성 중의 하나이다. 앞에 보이는 아일랜드 지도는 이러한 켈트 씨족들의 지역 분포를 잘 보여주고 있다.

목표는 진화한다

아일랜드에 기독교가 들어온 결정적인 계기는 앞에서 얘기한 대로 오닐 가문과 직접 관계가 있다.

아일랜드에는 431년에 로마 교황이 파견한 선교사 팰라디우스에 의해 처음 기독교가 들어왔고, 이듬해에 아일랜드의 수호성인인 성 패트릭에 의해 수도원이 설립되어 본격적으로 기독교가 민중에게 보급되기 시작했다. 수도원의 설립과 기독교의 유입은 아이러니하게도 켈트 족의 찬란했던 과거 문화유산을 꽃피우는 계기가 되었다.

성 패트릭이 중심이 되어 수도원을 통해 기독교를 전파하던 수사들은 민중들 사이에 구전되어 오던 신화와 민담, 설화, 역사 등을 기록으로 보존하면서 그 위에 기독교의 하느님을 슬그머니 올려놓았던 것이다. 이렇게 되면서 아일랜드는 자연스럽게 큰 마찰 없이 기독교도로 바뀌게 되었고, 유럽이 암흑기에 있을 때 아일랜드는 오히려 정신문명의 중심이 되었다.

여기에 또 하나의 문장 그림이 있다. 이것은 훗날에 완성된 오닐 가의 문장이다. 잠시 문장 속의 그림을 자세히 들여다보자. 이 그림 속에는 헤레몬의 정복 사건을 좀 더 구체적으로 나타내주는 여러 이야기가 한꺼번에 녹아 있다.

갑옷을 입은 오른손이 칼끝을 동북쪽 방향으로 쳐들고 있고, 그 아래로 투구가 방패의 위쪽 가운데 얹혀 있으며, 방패 속에는 붉은 불가사리 세 마리가 별처럼 박혀 있다. 가운데 불가사리 아래에 붉은 오른손이 손가락을 펼치고 있고, 그 오른손을 사자 두 마리가 양쪽에서 뒷발을 딛고 서서 두 손으로 받들고 있다. 그 아래로는 넘실거리는 파도와 물고기가 그려져 있다. 방패 바깥쪽으로는 리본을 대칭되게 장식하여 위엄을 보이고 있으며, 아래쪽에는 글씨가 쓰여 있는데 영어는 아닌 듯하다. '람 데르그 에이린 Lam Dearg Eirinn.'

이 문자는 켈트 족이 쓰던 게일 어인데, '아일랜드의 붉은 손 The Red Hand of Ireland'이라는 뜻이다. 가운데 있는 붉은 손은 물론 헤레몬이 희생한 바로 그 손이다.

오닐 가의 방패 모양의 문장

출처: www.araltas.com/features/oneill/

이 그림에서 방패의 아랫부분에 넘실거리는 푸른 파도와 물고기 그림이 그려진 것으로 보아, 주인공은 대륙에서 험한 바다를 건너온 사람임에 틀림없다. 이 그림은 오닐 가의 문장으로 처음에는 단순히 오닐의 가문을 나타냈지만 나중에는 북아일랜드의 얼스터 지역, 더 나아가 북아일랜드를 상징하는 그림이 되었다.

그런데 앞에서 본 초기의 문장에는 왼손이 그려져 있었는데, 이 그림에는 분명히 오른손이 그려져 있다. 왜 이렇게 바뀌었을까?

그것은 아마 왼손은 사악한 '탐욕의 손'을 나타내고 오른손은 '정의의 손'을 나타낸다는 기독교 문화에 영향을 받았기 때문일 것이다. 헤레몬의 후손들은 조상의 행동이 탐욕에서가 아니라 정의에 근거한 것임을 의심하지 않았다. 하지만 그들은 종교적인 편견으로 혹시라도 오해를 받을 것을 염려해 그 소지를 없앤 것이다.

처음에는 왼손이 그려진 문장의 정당성을 주장했다. 왼손으로 오른손을 잘랐으니까 용감한 왼손을 내세우는 것이 당연하다는 것이었다. 그런데 기독교가 들어오면서부터 왼손을 싫어하는 경향이 있자 오른손으로 바꾼 것이다. 보통 사람들이 한 겹 더 깊이 숨어 있는 원인을 논리적으로 따져서 이해하지 않고, 단순하게 그림 속에 나타난 왼손만을 보고 못마땅하게 생각할 수도 있는 우려를 일찌감치 불식시키려 했던 것이다.

오닐 가에서는 실질에 있어서는 조금도 달라진 것이 없다고 주장한다. 그러니까 처음에는 칼을 잡고 용감하게 자른 왼손을 그려 결정적인 순간의 용단을 보이려 했고, 나중에는 희생당한 숭고한 오른손을 그려 정의를 실현하려는 위대한 희생의 의지를 보이려고 했다는 것이다.

미켈란젤로가 그린 「최후의 심판」에서도 그리스도는 오른손으로는 밝은 천국을 가리키고, 왼손으로는 어두운 지옥을 가리킨다. 오른손을 우월하게 보는 사상은 비단 기독교뿐만이 아니다. 이러한 생각은 동양에서도 비슷하고, 인도의 힌두교도들이 오른손으로 식사를 하고 왼손으로 불결한 일을 하는 것도 같은 이유다.

거의 모든 나라에서 왼손을 싫어했다. 옛날부터 오른쪽은 고결한 것과 지상세계 그리고 하늘을 표현하는 반면, 왼쪽은 지하세계와 땅을 나타냈다. 이것은 오른손잡이가 다수였고 왼손잡이가 소수였으며, 왼손은 오른손의 보조역할을 하는 경우가 많았기 때문에 오른손에 대한 우월성이 정착된 듯하다. 물론 오늘날에는 이러한 차별이 단순한 편견 때문이라는 것이 밝혀졌고, 왼손잡이가 특별한 능력을 발휘하는 경우도 허다하다.

오닐 가의 후손들은 물론, 얼스터의 많은 사람들은 그들이 '정의를 위한 희생의 손'으로 지배한 지도자의 후손이며, 그러한 지도자를 선조로 둔 데 큰 자부심을 가지고 있었다.

그렇다면 헤레몬은 왼손잡이였던가?

옛날의 전사들은 거의가 오른손잡이였다. 그러나 앞에서 나타난 이야기에서 보면 헤레몬은 분명히 왼손으로 칼을 뽑아 오른손을 잘랐다고 쓰고 있다. 그리고 이러한 사실을 뒷받침이라도 하는 듯, 오라일리 가문의 문장에서 오른손 손목 아래로 뚝뚝 흐르는 핏방울을 뚜렷하게 그려 넣은 것을 보면, 오른손이 잘려진 것으로 짐작할 수 있어서 그는 왼손잡이인 것이 분명하다.

그런데 이것이 그렇게 중요한 일일까?

그렇다. 어떤 사업을 하던지 목표의 정당성이 확보되지 못하면 자신은 물론 다른 사람의 힘을 지속적으로 얻을 수 없다. 개인이나 조직에서도 마찬가지이다. 추구하는 목표가 가치 있고 정당해야만 자신의 열정을 불어넣을 수 있으며 다른 사람의 동의를 받아내고 힘을 빌릴 수 있다. 그러므로 사적인 욕심이나 쾌락을 추구하여 도모하는 일은 일시적으로는 성공할 수 있으나 이내 실패해버린다. 오래 유지되는 가문이나 기업은 모두 가치 있는 목표를 내걸고 있다. 조직 구성원 모두가 목표에 동의하고 함께 그 목표를 이루려고 노력할 때 그 조직은 살아남는 것이다.

반대로 목표가 변질되거나 구성원의 목표와 부합되지 않으면 조직은 와해되고 만다. 시대가 바뀌고 사회통념이나 가치관이 바뀌게 되면, 이러한 변화에 맞추어 가치관을 나타내는 상징도 조금씩 진화한다. 한때 사회주의 종주국으로 노동자와 농민을 상징하는 '망치와 낫'을 상징으로 내걸었던 소비에트연방의 국기는, 공산권의 쇠락과 소비에트연방의 해체로 사라져버렸다. 마찬가지로 한때 개발과 번영의 상징으로 여겨져 기아자동차의 로고에 그려졌던 굴뚝의 '연기'는, 얼마 가지 않아 공해의 상징으로 비난받아 로고가 수정되기도 했다. 오닐 가의 문장에서 왼손이 오른손으로 바뀐 것도 이러한 사회적 가치관이 바뀌었기 때문이라 볼 수 있다. 그들은 왼손잡이를 오른손잡이로 왜곡시키려는 것이 아니라, 용감한 왼손보다 희생적인 오른손을 강조한 것이다.

오닐의 후손들은 붉은 손 그림을 방패 속에 그려 넣음으로써 강력하고 구체적인 메시지를 전해주었다. 그것은 백 마디의 말보다 더 효과적이다. 오닐 가의 후손들은 언제나 지도자적인 기질이 강했다. 그래서 '오닐이 앉는 곳은 언제나 헤드테이블이 된다'라는 말이 전해지게 되었다.

같은 곳을 바라보게 하는 힘

서양 사람들은 가문을 나타내는 방패나 문장에 제명題銘을 쓴다. 이것을 모토motto라 불렀다. 모토는 가문의 사람이면 누구나 지켜야 할 하나의 공통적인 좌우명이기도 했다. 아일랜드 밀레시우스의 후손들은 특히 각자 가문의 모토를 만드는 것을 좋아했다. 목표는 모든 사람들이 공감할 수 있는 것이어야 한다. 그리고 구체적일수록 실천적 힘을 발휘하기가 쉽다. 그래서 훌륭한 가문마다 실천하기 쉬운 모토와 가훈을 정하고 있다. 한 가문이 오래도록 유지될 수 있는 비결은 후손들에게 조상의 뜻을 잘 전하여 이를 실천하게 했기 때문이다.

헤레몬의 가문에서 '아일랜드의 붉은 손'이라는 제명을 가졌듯이 수많은 가문에서 독특한 좌우명을 가지고 있었다. 비슷비슷한 것을 제외하고 독특한 모토의 예를 구체적으로 보면 다음과 같다.

브레디 Brady	신의 가호 Faith in God
보일 Boyle	미덕은 죽음 뒤에도 남는다 Virtue lives after death
코완 Cowan	이것이 천국으로 가는 길이다 This is the way to heaven
크로스비 Crosby	나는 다시 일어서리라 I shall rise again
콘로이 Conroy	역사는 시간에 의해 파괴될 수 없다 History cannot be destroyed by time
코스텔로 Costello	운명의 여신은 용감한 자를 좋아한다 Fortune favors the brave
커리 Curry	용감하고 관대하라 Brave and gentle
레논 Lennon	아일랜드 최고의 평판 Best Irish stock
맥클리랜드 McClelland	생각하라 Think on
맥어보이	참고 견디라 Bear and forbear
오콘케논 O'Concannon	흠결 없는 지혜 Wisdom without blemish
퀸란 Quinlan	최후까지 진실로 True to the end

특히 이 중에서 '나는 다시 일어서리라'라는 모토는 용기를 돋우어주고, '역사는 시간에 의해 파괴될 수 없다'는 자랑스러운 선조의 역사가 영원히 계속될 것임을 믿는 말이다. 맥클리랜드 가의 모토 '생각하라'는 한때 IBM의 구호로 책상 위에 얹혀 있던 'THINK'라는 팻말을 연상케 한다. 이러한 좌우명은 조상의 숭고한 뜻을 바로 전달하고 행동으로 옮기게 하는 강력한 힘을 가지고 있다.

우리나라에서도 이름난 가문에서는 가훈을 가지고 있다. 가훈이란 조상들이 후손들의 행복한 삶을 위해 자신이 인생에서 경험하고 터득한 지혜와 가치관을 담은 가르침으로 가정교육의 산 교훈이다. 가훈은 가족의 단결과 함께 후손에게 나아가야 할 하나의 목표를 제시해준다는 의미에서 매우 중요하다.

세계적으로 유명한 명문가의 가훈 중에 가장 길게 만들어진 것으로는 『안씨가훈顔氏家訓』을 들 수 있다. 『안씨가훈』은 중국 역사상 보기 드문 난세를 살아간 지식인이었던 안지추가 자손들에게 남긴 훈계서다. 유명한 서예가인 안진경은 바로 안지추의 5세손이다. 이 가훈은 책 한 권 분량으로 방대하다. 중국 남북조시대 후반기인 양나라와 수나라의 통일 초까지 산 안지추의 가훈서는 자손에게 남긴 훈계인 동시에 자신의 일대기이며, 다양한 체험담과 일화를 담고 있어서 당시 사회상을 이해하는 역사서 역할까지 한다.

『안씨가훈』의 목차를 보면, 서치^{序致}, 교자^{敎子}, 형제^{兄弟}, 후취^{後娶}, 치가^{治家}, 풍조^{風操}, 모현^{慕賢}, 면학^{勉學}, 문장^{文章}, 명실^{名實}, 섭무^{涉務}, 성사^{省事}, 지족^{止足}, 계병^{誡兵}, 양생^{養生}, 귀심^{歸心}, 서증^{書證}, 음사^{音辭}, 잡예^{雜藝}, 종제^{終制} 등 전체 20편으로 실로 방대하게 구성되어 있다.

보통 집안의 가훈은 대체로 입신이나 처세, 치가 등에서 지켜야 할 도리를 간단한 글귀로 제시한다. 이에 비해 안씨의 가훈은 일상적인 생활에서 지켜야 할 점은 물론 고전을 고증하는 서증, 음운학 발달사와 음운 비교를 적은 음사, 서예, 회화, 궁술, 산술, 바둑 등에 관한 기록인 잡예 등과 같이 전문적 분야에 이르기까지 그 영역이 방대하고 자상한 것이 특징이다.

이를테면 잡예에서는 '서예에 대하여', '글씨를 뛰어나게 잘 쓰려면', '왕희지의 서법', '남북조 서법의 경향' 등의 글을 담고 있어 가히 전문서적이라 할 수 있다. 훗날 서예 대가 안진경이라는 후손이 나온 것은 결코 우연이 아닌 듯하다. 이러한 안씨 가훈은 너무 방대하고 사실적이어서 장점도 있고 단점도 있다. 후손들이 잘 새겨들으면 마디마디 옳지 않은 말이 없다. 그러나 조금만 느슨하게 들으면 잔소리 같은 느낌이 들어 집중력과 실천력이 떨어질 수 있다.

이에 비해 매우 간략하여 기억하기 쉬운 것도 있다. 고려시대의 무신 최영의 나이가 열여섯 살이 되었을 때 그의 아버지 웅이 아들을 훈계하여 말하기를, "너는 마땅히 황금 보기를 돌같이 하라"고 하였다. 그 뒤 최영 장군은 죽을 때까지 이 말을 새겨두고 입는 옷이나 먹는 음식을 검소하게 하고 절약하여, 여러 번에 걸쳐 집안에는 옷과 먹을 것이 없어 텅텅 비어 있는 형편에 이르렀다고 한다. 최영 장군의 가훈은 너무나 간단하고 분명해서 누구나 잘 알고 있다. 가훈은 이렇게 간단하고 구체적일수록 그 실천의 힘은 강력해진다. 그러나 너무 간략하여 다양한 상황에 대처하기에는 다소 부족하다는 단점이 있다.

이와 비슷하게 간략하면서도 분명한 또 하나의 가훈이 있다. 조선 정조 때 영상을 지낸 번암 채제공은 "모든 일에 착한 행실을 다하라"는 부친이 내려준 짤막하고 뚜렷한 말을 가훈으로 삼았다. 그는 이 말로 현판을 만들어 걸고 아침저녁으로 돌아보았으며, 거처하는 집 이름도 '매선당每善堂'이라 불렀다고 한다.

일반적으로 가훈은 직계 조상이 지어 후손에게 물려주지만, 드물게 임금으로부터 받은 경우도 있었다. 조선 세종 때 문신인 이정간이 어머니의 봉양을 위하여 벼슬을 그만두고 고향으로 돌아가자, 임금은 이 사실을 알고 그를 경卿으로 높이고 다음과 같은 가훈을 내렸다고 한다. '가전충효 세수인경' 즉, '가정에서는 나라에 충성하고 어버이에게 효도하는 법도를 전승하며, 사회에서는 대대로 남에게 인자하고 공경하는 가풍을 지키도록 하라'는 말이다.

중종 때 학자인 신재 주세붕이 조카에게 준 다음과 같은 가훈은 적절한 비유로 나타낸 한 편의 시詩로 가슴에 새기기에 충분하다. '땅의 맥이 기름진 토양에 어울리면 풀이 반드시 무성하고, 한 집안이 화목하면 복이 생겨 반드시 번성할 것이다.'

그렇다면 어떤 가훈 또는 구호가 강한 힘을 가지는가?

앞에서 오닐 가문의 문장 속에 있는 짧은 글 '아일랜드의 붉은 손'과 같이 스토리나 경험이 담긴 구체적인 것이 힘을 가진다. 이를테면 충, 효, 우애, 신의 등과 같이 단순히 윤리적인 기본 덕목을 나열하기보다는, 조상의 절실한 체험에서 우러나온 조금은 색다른 말일수록 후손에게 전달되는 힘이 강하다.

조선 초기 명신名臣인 모재 김안국은 부모를 섬기는 일과 제사 지내는 일을 비롯하여 일반적으로 유가에서 지켜야 할 덕목을 조목조목 자상하게 훈시하는 가훈을 남겼다. 이와 함께 그는 '자손에게 경계하는 훈계戒子孫訓'로 '남이 도모하는 일에 절대로 보증은 서지 말라'고 분명히 이르며 그 이유를 다음과 같이 밝히고 있다.

"지난 무인년 겨울에 우리 집안의 운수는 크게 침체되었는데, 이는 선군께서 남의 빚 일로 인하여 집안의 산업이 탕진된 때문이었다. 그동안 재화로 말미암은 실패는 하나하나 말로써 하기 어렵다. 당시 내 나이 열여섯 살이었는데, 할아버님을 모셔 받드는 예절과 엄격한 가정의 일에 종사하느라고 사방으로 이리저리 바삐 돌아다니면서 많은 빚을 차츰차츰 청산하여 겨우 집안의 명성을 회복하고 남처럼 먹고살 수 있는 형편이 되었다…"

이런 절절한 사연이 깃든 가훈이라면 후손으로서도 지키지 않을 수 없을 것이다.

또한 정조 때의 유명한 학자 연암 박지원은 자손들에게 특히 말조심을 당부하며 다음과 같은 가훈을 내렸다.

"귓속말은 듣지 말고, 새어나갈 이야기는 하지 말라. 남이 알까 두려워하는 것을 어찌 말하고 어찌 들으리오. 이미 말하여 놓고 뒤에 경계하는 것은 곧 남을 의심하는 일이다. 남을 의심하면서 말하는 것은 곧 지혜롭지 않은 일이다."

밀양 박씨 종친회의 박헌용 씨가 8대에 걸쳐 지켜온다고 전하는 가훈을 보면 '건강보신健康保身, 근검저축勤儉貯蓄, 교육진력

敎育盡力, 대인구경對人久敬, 적극청백積極淸白'의 다섯 가지로, 비교적 골고루 다루고 있어서 포괄적이면서도 명료하다.

 퇴계 이황 선생은 아들 준에게 준 글에서 말하기를 "책을 읽고 공부하는 데 어찌 있는 곳을 가리겠는가. 시골에 있든 서울에 살든 오직 뜻을 세우는 게 어떠한가에 달려 있을 따름이다. 모름지기 부족함 없이 힘을 다하여 날마다 부지런히 공부할 것이지 하는 일 없이 세월을 헛되게 보내서는 안 된다"고 이르고 있어서, 후손들이 흔히 저지르기 쉬운 약점을 미리 알고 이를 경계하는 가훈을 전하고 있다.

 우리나라 명문가의 이러한 가훈은 김종권이 펴낸 『명가의 가훈』에서 읽을 수 있는데, 이 책에 수록된 소위 명문가는 거의 전부가 문인 가문이다.

 이에 비해 경주 최 부잣집의 가훈은 참으로 독특하다. 나는 경주 최 부잣집이 3백 년 동안 부를 지킬 수 있었던 비밀을 이 집안에 독특하게 내려오는 가훈에서 찾을 수 있어서 몇 년 전에 책으로 출간한 바 있다. 이 집안에는 크게 세 종류의 가훈이 있다. 그것은 일반적인 유가의 기본 덕목을 열거한 '가거십훈家居十訓'과 이 가문의 독특한 방침을 담은 '가훈家訓' 그리고 특수한 상황에 대처하는 행동 요령인 '육연六然'이다.

 가거십훈은 유가에서 흔히 보는 덕목으로 '나라에 충성하고, 부모에 효도하고, 형제간 우애 있고…' 등을 내용으로 하고 있다. 그중에 다른 가문에서 보기 드문 것으로는 '여색을 멀리하라遠女色'와 '술에 취함을 경계한다戒醉酒'가 있다. 이것은 부자들이 흔히 재산을 탕진하게 되는 두 가지 원인이 바로 이 부분임을 알고 경계한 것이다.

그러나 무엇보다도 중요한 것은 이 가문의 독특한 방침을 정한 여섯 가지의 '가훈'이다. 그 내용은 다음과 같다. 첫째, 과거를 보되, 진사 이상은 하지 마라. 둘째, 재산은 만 석 이상 지니지 마라. 셋째, 과객을 후하게 대접하라. 넷째, 흉년에는 땅을 사지 마라. 다섯째, 며느리들은 시집온 뒤 3년 동안 무명옷을 입어라. 여섯째, 사방 백 리 안에 굶어 죽는 사람이 없게 하라.

이러한 가훈은 상식을 뛰어넘는 파격적인 내용으로 여러 대에 걸쳐 조상들의 절실한 경험으로부터 얻어졌기 때문에 호소력이 있고, 짤막하면서도 구체적으로 제시되어 있어 행동에 옮기기 좋다. 경주 최 부자 가문의 후손들은 이러한 가훈을 지키려고 무척 애썼다. 후손 중에 최기영 진사는 58세의 고령에도 불구하고 오로지 조상의 유훈을 지키기 위해서 늦게나마 진사시험에 합격하기도 했다. 경주 인근의 사람들이 지금도 최씨 가문의 흉년 구제의 덕을 잊지 않고, 그들의 후한 인심을 칭송하며 오래도록 부자가 되기를 기원했던 것도 이 가훈을 후손들이 잘 지킨 덕이 아닐까 한다.

이와 같은 가훈을 비롯한 사훈 또는 나아가야 할 궁극적인 목표를 정할 때는 다음과 같은 원칙이 필요하다.

첫째, 원대하고 가치 있는 것이어야 한다. 혼자만 비를 피할 수 있을 정도의 작은 우산을 펼쳐서는 여러 사람이 함께 들어주지 않는다. 우산을 들어줘 봤자 자신은 비를 피할 수 없기 때문이다. 그러므로 큰 우산, 즉 큰 목표로 우산을 펴면 여러 사람들이 그 우산 밑에서 비를 피할 수 있다고 생각하기 때문에, 우산을 함께 들어주기를 자청하고 리더의 독려도 먹혀들어 간다.

둘째, 단순하고 가시적이어서 구체적인 행동으로 바로 연결되기 쉽도록 해야 한다. 뜻이 좋더라도 너무 추상적인 상태로 그치거나 너무 많은 것이 나열되면 행동으로 이어지기는 어렵다. 앞에서 본 붉은 손 그림과 함께 주는 짧은 글 '아일랜드의 붉은 손'은 얼마나 간명하고 구체적인가! 그것은 바로 '희생'과 '용단'을 나타낸다.

헤레몬의 후손들은 벽에 걸린 붉은 손 그림만 봐도 선조들의 숭고한 뜻을 기억하고 결의에 차서 각오를 새롭게 했을 것이다. 그것이 목표의 힘이다. 구체적인 목표의 힘은 정말 대단하다. 그것은 막연한 개념으로 남는 것이 아니라, 구체적으로 행동하도록 하고 목표에 이르는 속도를 높여준다. 송곳의 끝이 뾰족할수록 누르는 힘의 집중도는 커진다. 끝이 무딘 송곳으로는 결코 집단 속의 의사소통의 두꺼운 벽을 뚫을 수 없다.

월마트에서는 '미소 짓는 노란 얼굴'을 상징으로 사용하여 종업원들이 모두 지어야 할 구체적인 표정을 보여주고 있으며, '월마트 구호'를 통해 사원들이 힘을 모으게 하고 모든 일을 즐겁게 하도록 한다. 월마트의 구호는 이렇다.

누군가가 선창한다. "월마트는 누구의 것인가?" 나머지가 따라 외친다. "월마트는 내 것!" 또 누군가가 외친다. "누가 먼저인가?" 나머지가 따라 외친다. "고객이 항상 먼저! 야!" 월마트에서는 어떤 모임을 시작할 때와 마칠 때 항상 이 구호를 외친다.

월마트를 창업한 샘 월튼은 이렇게 구체적이면서 분명한 목표와 행동지침을 제시했다. 종업원들에게 고객을 대할 때 단순하게 '친절하라'고 말하는 것보다는 친절의 표현인 '미소를 지어라'라고 요구했고, 또 미소보다는 '손님이 들어올 때는 이빨이 여덟 개 이상 드러나게 웃어라'라고 구체적으로 지시한 것이 바로 그러한 예다. 그는 또 '열 걸음 규칙 ten foot rule'을 제도화하여 고객으로부터 열 걸음 이내에 있게 되면 무엇을 하고 있든지 간에 고개를 들어 고객의 눈을 쳐다보고 말을 걸도록 했다. 그리고 물건이 어디 있는지 질문을 받으면 복도를 가리키며 설명하는 대신 상품이 있는 곳으로 안내한다. 이것이 많은 고객을 감동시켰던 것이다.

위대한 창업자에 의해 만들어진 사업, 즉 그것이 국가든 기업이든 한 가문이든 그 조직이 계속 유지되기 위해서는, 창업자의 위대한 리더십DNA를 일반화시켜 조직의 DNA로 전환할 수 있어야 한다. HP 휴렛패커드를 세운 데이브 패커드와 빌 휴렛은 장기적으로 리더를 육성하는 리더십DNA를 가진 기업을 세웠으며, 이것으로 개인적인 명성을 얻은 리더들이다. HP는 그들이 떠난 뒤에도 오랫동안 위대한 기업으로 남아 있는데, 이것은 휴렛과 패커드가 HP를 맡고 있을 때 두 사람의 개성보다는 '일하기 좋은 직장, 훌륭한 제품을 만드는 멋진 사람들이 일하는 직장'으로 만들려고 끊임없이 노력한 결과인 것이다.

제도와 정보의 힘

시스템

4

조직과 제도의 정비
지도자의 조건
가공하지 못하는 정보는 힘이 약하다
보이지 않는 것을 보는 눈

heremon Ó Néill

기독교가 들어오기 훨씬 이전에 혜레몬의 후손 중에 몇몇의 걸출한 인물들이 나타났는데, 먼저 티건마스 Tighernmas 왕이 있었다. 그는 매우 현명하여 일찍이 아일랜드의 금광과 은광을 발견했고, 목에 두르는 리본의 색깔 수로 개인의 신분 등급을 나타내는 복식규정을 제정했다.

다음으로 우게인 모르 Ugane Mor 왕은 기원전 300년경에 강력한 힘을 가졌으며, 프랑스 공주와 결혼하여 스물두 명의 아들과 세 명의 딸을 두었다. 이 많은 자식들이 서로 싸우지 않게 하기 위해 그는 왕국을 스물다섯 개 지역으로 분할하여 자식들에게 하나씩 나누어주었고, 이 분할지역에서 이후 2백 년 동안 세금을 거두어들이게 되었다.

기원후 3세기경에는 코르막 울파다 Cormac Ulfhada라는 또 한 명의 걸출한 왕이 있었다. 그는 왕국의 여러 제도를 정비하고 권위와 위엄을 세웠다. 그리고 타라의 왕궁에 있는 큰 방에 1,150명의 시종들을 배치하여 장려한 위엄을 보이고 시중을 들게 했다. 코르막 왕은 무엇보다도 열 명의 현자를 뽑아 항상 그의 곁에 두고 보좌하게 했다. 그리고 왕통을 이어갈 후계자에게도 이와 같은 현자를 곁에 두게 하여 이것을 제도화했다. 열 명의 현자의 면모를 구체적으로 보면, 그의 친구가 될 귀족, 법률가, 역사학자, 드루이드 사제, 시인, 의사, 음악가, 그리고 왕실의 모든 재산을 관리할 세 명의 집사였다. 이러한 관습은 훗날 왕국을 계승한 브라이언 보루 Brien Boru 때에도 계속되었고, 코르막 이후 60명의 왕을 거치는 동안 기독교의 영향으로 드루이드 사제가 고위 성직자로 바뀐 것 외에는 조금도 바뀌지 않고 계속되었다.

조직과 제도의 정비

밀레시우스의 후손으로 아일랜드를 정복한 헤레몬의 자손들이 얼스터를 오래도록 지배할 수 있었던 또 하나의 배경은, 앞의 이야기에서 볼 수 있는 바와 같이 티건마스나 우게인 모르 그리고 코르막 울파다 등과 같은 현명한 후손들이 나라를 다스리기에 필요한 조직과 제도를 적절하게 제정하고 정비했다는 사실에 있다.

 티건마스가 신분에 따라 옷의 색깔을 일곱 가지로 구별하여 쓰도록 한 것은 통치자가 국민을 통솔하기에 편리하도록 분류한 것이라 할 수 있다. 이 구분에 의하면, 기술자나 노동자는 한 가지 색, 군인은 두 가지, 관리는 세 가지, 외국인을 접대하는 사람은 네 가지, 족장을 비롯한 귀족은 다섯 가지, 역사학자나 드루이드 사제 등 지식인은 여섯 가지, 왕과 왕족은 일곱 가지 색의 리본을 착용하도록 했다.

여기에서 놀랍게도 지식인이 매우 높은 대접을 받았음을 엿볼 수 있다. 이러한 풍습은 스코틀랜드 고원 지방에 사는 헤레몬의 후손으로 추정되는 한 종족에 의해 지금까지 이어져오고 있다고 한다.

그리고 우게인 모르가 스물두 명의 아들과 세 명의 딸에게 나누어주기 위해 나라를 스물다섯 개 지역으로 분할하여 나누어주고 세금을 받은 것은 분권통치 방법의 하나라고 할 수 있다. 하지만 이렇게 분할되었던 왕국은 기원전 120년경 이오케이드Eochaidh 왕 때 다시 네 개의 큰 단위 즉, 먼스터Munster, 렌스터, 코노트Conacht, 그리고 얼스터로 통합되었다. 이것은 분할통치의 약점을 보완하고, 조직을 재정비하기 위한 목적에서 나온 절충적인 방법이었다. 이러한 지역 구분은 오늘날까지도 이어져오고 있다.

또한 울파다 왕이 화려한 타라의 왕궁을 짓고, 열 명의 현자를 가까이에 두고 언제나 자문했다는 것은 오닐 가문을 오래 유지하도록 만든 제도적 장치라 할 수 있다. '울파다'라는 이름은 긴 수염 때문에 붙여진 것이라 한다. 그는 밀레시우스의 후손으로서 아일랜드 왕국을 다스렸던 이전의 왕들 중에서 가장 현명하고 학식이 높아 지적으로 뛰어났던 사람이라고 전한다. 그의 힘은 사실상 '백전의 승자'라는 명성을 얻었던 그의 할아버지 콘^{Con}이 35년의 재위 기간 동안 토대를 만들어 넘겨준 것이었다. 그는 여러 가지 법률을 제정했으며 직접 책을 쓰기도 했는데, 특히 그의 아들에게 주는 『왕정의 통치$^{Kingly\ Government}$』는 매우 특별한 정치서로 알려져 있다.

이 위대한 왕실의 오래된 관습에서 얻을 수 있는 또 하나의 교훈은, 세속적인 화려함이나 현세의 영광뿐만 아니라 신에 대한 진실한 믿음이 진정한 가치라는 점이다. 여러 가지 면에서 위대한 코르막 왕은 죽기 7년 전부터 돌연 드루이드의 신앙을 거부하고 이러한 사실을 공개적으로 밝혔다. 그러자 드루이드 사제들은 왕의 파멸을 간구하게 되었고, 그 결과 7년 만인 266년$^{재위\ 40년}$에 왕은 저녁식사를 하다가 생선 가시가 목에 걸려 죽게 되었다. 그에게는 여섯 명의 아들이 있었는데, 그중 오직 한 명의 아들 외에는 자식이 없었으며, 그 한 명의 아들에게도 딸만 열 명이 있었을 뿐 손자에까지 대를 잇지 못했다고 한다.

이 이야기에서 타라의 왕궁이 등장한다. 밀레시우스의 족보에서 타라가 처음 등장하는 것은 기원전 4세기경부터다. 그 이후부터 많은 왕들이 타라에서 죽임을 당했다고 적고 있다. '타라의 언덕'은 옛날부터 아일랜드의 '하이킹 High King', 즉 대왕이 차지했다는 곳으로 많은 이야기가 전해지고 했다.

아일랜드에서의 하이킹은 당시 절대 권력을 누렸던 유럽의 다른 나라의 왕의 지위와는 사뭇 다르게 일종의 명예직 지위에 불과했다. 고대 아일랜드에는 적어도 1백 개 이상의 소왕국이 있었다고 한다. 그러나 아일랜드의 왕은 유럽의 여타 왕과는 달리 땅을 소유하지 않았고, 재판이나 법률 제정의 권위를 가지지 않았다. 그들은 단지 그 나라 종족을 대표하는 사람이었고 전쟁 시에 그의 국민을 이끄는 지도자였을 뿐이다. 그러므로 '하이킹'이란 이름도 실질적인 지배자의 의미는 없고 명목상의 칭호에 불과했다.

오닐 족이 여러 세기 동안 아일랜드의 하이킹 지위를 가지고 있었지만, 나라 전체를 다스리는 지배자가 아니라 여러 왕들과 동등한 자격을 갖춘 사람으로서 순위가 첫 번째라는 의미에 불과하다. 중요한 점은 아일랜드의 왕은 법 위에 군림하지 않았다는 것이다. 이러한 왕의 권위는 개인적인 특성과 카리스마, 군대의 힘, 그리고 작은 왕이나 족장과의 동맹에 의한 네트워크에 따라 끊임없이 변화했다.

하이킹이 살았던 곳으로 추정되는 타라의 언덕은 아일랜드의 미드Meath 주 뉴그레인지Newgrange의 남서쪽으로, 보인 강을 따라 50킬로미터 정도 떨어진 곳에 있다. 타라는 해발 150미터가 약간 넘으며 주변 전원보다 90미터 정도 높은 바람받이의 풀언덕으로 지금은 황량하기 그지없는 곳이다. 커다란 둑으로 된 원 속에 두 개의 동심원이 무덤처럼 솟아나와, 위는 평평하게 되어 있고 그 가운데에 커다란 선돌 하나가 서 있다. 아일랜드 사람들은 그것을 '리아 포일Lia Fáil', 즉 '운명의 돌'이라고 부른다. 그 위쪽으로 석실이 있는 고대의 무덤이 봉긋 솟아 있으며, 그 주변으로 자세히 보면 윤곽을 파악할 수 있는 여러 개의 동심원 형상을 한 자그마한 둔덕이 외계인의 암호처럼 펼쳐져 있다. 여기에 오르면 마치 세상의 꼭대기에 오른 듯한 신비한 느낌을 가진다는 사람이 많다.

헤레몬의 후예는 타라를 장악하고 있었기에 아일랜드에서 가장 중요한 왕조가 되었다. 처음에는 아일랜드의 동부지역에 상륙하여 중남부지역으로 옮겨 가면서, 타라의 언덕을 중심으로 세력을 장악하여 아일랜드 전체의 대왕 즉 하이킹 자리에 올랐다. 타라의 언덕은 지리적으로 아일랜드의 중심 가까이에 있다.

율리우스 카이사르가 쓴 『갈리아 전기』에서 보듯이, 유럽의 거의 모든 국가가 로마의 침략을 받아 과거의 문화유산이 소실되었지만, 아일랜드는 로마제국의 관심 밖이었고 그 덕분에 찬란했던 고대 켈트 문화가 비교적 많이 보존될 수 있었다. 아일랜드에는 기원전 4000년 무렵부터 신석기시대 사람들이 농사를 짓고 목축을 하면서 살았다고 한다. 여기에 켈트 족이 기원전 5세기 무렵에 중부 유럽으로부터 건너왔다.

  스페인 왕이었던 아버지 밀레시우스의 명령을 받은 헤레몬 오닐이 아일랜드에 들어온 시기를 오닐 가에서는 기원전 10세기, 길게는 기원전 15세기까지 거슬러 올라가고 있다. 하지만 역사책에서는 켈트 족이 들어온 시기를 그보다 훨씬 뒤인 기원전 6~4세기라고 기술하고 있다. 그들은 용맹스럽고 호전적인 부족으로, 철기문화를 가지고 있었으며 영토를 넓히려는 야망으로 가득 차 있었다. 이 켈트 족을 로마인들은 '갈리아 사람'이라 불렀고, 정치적으로 조직을 갖추거나 합리적인 사고를 하는 데는 다소 미숙하지만 정의감, 명예, 자존심은 매우 높아 호탕한 기질을 지녔다고 기록하고 있다.

지도자의 조건

타라의 언덕은 어떤 의미를 가지고 있는가? 게일 어로 타라는 '전망이 좋은 곳'을 뜻한다고 한다. 옛날부터 아일랜드에서는 이곳을 지배하면 아일랜드의 대왕이 된다는 믿음이 있었다. 그러므로 타라의 언덕은 아일랜드의 정신적 수도와 같다.

아일랜드의 왕이 유럽의 여타 왕과 다른 또 하나의 중요한 차이점은, 장자상속법에 근거하여 후계자 승계를 하지 않았다는 것이다. 아일랜드에서는 살아 있는 아들로서 가장 나이 많은 아들에게 승계된다는 소위 장자상속제도가 시행되지 않았다. 왕이나 족장이 죽으면 데일^{Dáil}이라는 오늘날의 상원과 비슷한 특수한 협의기구가 소집되고 여기서 차기의 리더가 결정되었다. 그러므로 단순히 장자로서가 아니라 그 시점에서 가장 능력 있고 신망 있는 지도자를 왕으로 선택할 수 있는, 당시로서는 매우 선진적인 리더 선택제도를 가졌던 것이다. 바로 이러한 능력 중심의 제도가 일찍이 '손이 먼저 닿은 자가 왕이 된다'는 게임의 조건을 제시했던 밀레시우스의 개척정신이라고 할 수 있다.

전설에 의하면, 타라를 통치하려는 자는 네 가지 시험을 거쳐야 왕이 될 수 있었다고 한다. 그 네 가지 시험은 다음과 같다. 첫째, 왕의 마차에 오르되 말을 놀라게 해서는 안 된다. 둘째, 마차를 몰고 두 장의 신판석神板石을 통과해야 하는데, 그 판석들은 신기하게도 신이 허락하는 자가 통과하면 열리게 되어 있다고 한다. 셋째, 드루이드 사제들이 간수해온 특별한 망토를 입어서 몸에 꼭 맞아야 한다. 넷째, '운명의 돌'을 만져서 그가 왕에 오르는 것을 허락하는 외침이 돌에서 흘러나와야 한다.

이것은 왕이 갖추어야 할 다양한 자질을 하나하나 확인하여 가장 우수한 사람을 지도자로 선택하는 매우 합리적이고 지혜로운 방법이라고 할 수 있다. 여러 자료의 해석으로 미루어 보아 첫 번째, 말이 놀라지 않게 마차에 오른다는 것은 그만큼 말을 잘 다룰 줄 알아야 하고 용기가 있어야 한다는 의미로 보인다. 두 번째의 신판석을 통과하는 것은, 드루이드 신앙에 대한 믿음이 독실한가를 시험하는 것으로 볼 수 있다. 그 다음의 시험으로 망토를 입어 몸에 맞아야 한다는 것은, 드루이드 사제가 인정하는 사람이라는 뜻으로 해석할 수 있다. 그리고 마지막, '운명의 돌'에서 허락하는 외침이 흘러나온다는 것은, 민중의 호응을 얻는다는 의미라고 할 수 있다.

이렇게 보면 타라의 지배자는 오늘날의 의미로 탁월한 리더십을 가진 사람이라고 해석할 수 있다. 즉, 용기를 가진 사람으로서 믿음이 투철하고 사제의 인정을 받으며 최종적으로는 민중의 호응을 받는 사람이 지배자가 된다는 뜻이라고 추정할 수 있는 것이다.

옛날부터 아일랜드 사람들은 이러한 왕을 '신성한 사람'으로 생각해서, 왕의 대관식에는 나라에서 제일가는 시인이 시를 읊으며 왕의 족보를 말하고 새로운 왕의 정당성을 노래하며 경의를 표했다. 이때 과거의 위대한 왕을 찬양하기도 했는데, 특히 코르막 왕의 영광을 노래한 경우가 많았다고 한다. 새로 취임한 왕이 정당한 자격을 가지고 있는 사람이라면, 나라의 곡물이 잘 자라고 가축들이 병들지 않으며 강이나 호수에 물고기들이 가득 찬다고 믿었다. 이러한 '신성성'을 확고히 하기 위해서 아일랜드 왕의 대관식에서는 왕과 그 지역의 여신이 결혼식을 올리기도 했는데, 이것은 고대로부터 이어져오던 풍습으로 기독교시대 수백 년 동안에도 계속되어온 의식이었다. 이러한 풍습은 유럽으로 널리 퍼져갔다.

전설에 따르면 투아타 데 다눈$^{Tuatha\ De\ Danaan}$ 족이 고대 원주민을 물리치고 타라를 지배했으며, 그 다음으로 켈트 족인 오닐 족도 이곳을 지배했다. 그 뒤 오닐 족을 물리친 오브라이언 족이 지배했으며, 기독교를 들여온 성 패트릭도 이 타라의 언덕에서 이교도와 마주쳤다는 기록이 있다. 이것으로 보아 이곳은 지리적으로나 상징적으로 아일랜드를 지배하는 전략적 요충지였던 것이 틀림없다.

그러면 타라의 언덕에는 왕궁 같은 것이 있었을까? 코르막 왕이 타라의 언덕에 길이 3백 피트, 넓이 50큐빗^{cubit}, 높이 30큐빗이 되는 큰 홀을 가진 왕궁을 지었다는 이야기가 있으나, 실제로 일부 지역을 발굴한 결과 왕궁의 흔적은 별로 남아 있지 않았다. 다만 이곳에는 옛날부터 지배자가 대관식을 올렸던 제단이 있었다고 보는 것이 정설이다. 켈트 족은 원주민들을 물리치고 이곳 요새를 점령하고 나서, 이곳을 그들이 생각하는 낙토의 입구처럼 생각했다고 한다.

---

* 고대 이집트, 바빌로니아 등에서 사용된 길이의 단위로, 팔꿈치에서 가운뎃손가락 끝까지의 길이를 기준으로 하며 17~21인치에 해당한다.

가공하지 못하는 정보는 힘이 약하다

그렇다면 타라는 어떤 조건 때문에 이처럼 신성시되고 중요시 되었는가? 두 가지에서 이유를 찾을 수 있다. 첫째 지리적으로 아일랜드 섬의 중심부에 위치하고 있다는 것이고, 둘째 주변보다 지형적으로 높다는 사실이다. 좀더 정확하게 말하면, 타라의 언덕이 아일랜드의 한가운데는 아니다. 타라의 언덕에서 서쪽으로 30분 정도 더 가면 위스니치Uisneach라는 곳이 있는데, 그곳이 지리상으로 정확히 아일랜드의 배꼽에 해당하는 곳이라고 한다.

옛날부터 중국 역사에서도 중원中原을 차지하는 사람이 승자가 되었다. 중원은 고대 중국의 한족漢族의 생활 영역이었다. 주

왕조^{기원전 12~3세기} 때 세력이 미치던 곳으로, 이곳을 지배해야 중국을 통일할 수 있다고 생각할 정도로 중요하게 인식되던 지역이다. 중원의 사슴이 주나라 왕권을 상징하는 것으로 보고 그 쟁탈을 '중원에서 사슴을 쫓는다'고 하기도 했다. 그 뒤 한족의 세력이 남쪽의 양쯔강 유역 일대로 확대되고 서쪽으로 넓어졌으므로, 중원은 허난성을 중심으로 하는 화북평원을 지칭하게 되었다.

아일랜드는 높은 산들이 해안가에 주로 있고 산지 면적은 전 국토의 20퍼센트밖에 되지 않아서, 중부는 대체로 평원이나 낮은 언덕에 불과하다. 그래서 이 언덕에 오르면 사방으로 멀리 관찰할 수 있고, 높은 언덕이라 멀리까지 볼 수가 있다. 약간 과장된 이야기지만, 맑은 날에 타라의 언덕에 오르면 아일랜드 땅의 절반이 보인다고 한다. 옛날에는 적의 동태를 미리 파악하면 대비하기가 용이했고, 또 언덕에서 아래로 내려다보는 것이 방어나 공격하기에 좋았을 것이다.

그렇다면 오닐 가는 언제까지 이 타라의 언덕을 지배했을까?

오닐 가가 기원전 500년부터 세력을 잡았다고 보더라도 브라이언 보루 왕에게 패배한 것이 1000년쯤이었으니, 적어도 1천5백 년 정도는 타라의 왕으로 지배를 해왔다고 볼 수 있다. 현대적인 의미로 본다면, 타라의 언덕이 중요한 이유는 상징적이기도 하지만 정보의 중요성 때문이기도 하다. 정보를 정확하게 파악하려면 사방을 골고루 관찰할 수 있는 중심에 위치하면서 높은 곳을 선점해야, 멀리서부터 움직이는 적의 동태를 파악할 수 있기 때문이다.

오늘날의 기업들 또한 무한경쟁에서 살아남기 위해서는 경쟁사보다 한발 앞서 기술을 개발해야만 경쟁기업을 누르고 시장에서 앞서 갈 수 있다. 그러기 위해서 기업들은 경쟁기업의 동태를 예의 주시하고 감시하여, 타사의 새로운 기술이나 정보에 접근하고 이를 탐지해 자사의 역량을 한 단계 더 끌어올리려고 갖은 노력을 다하고 있다. 이것은 마치 타라의 언덕을 점령하려는 생각과 흡사하다.

그렇다면 그 위세 좋던 오닐 가가 어떻게 해서 브라이언 가에게 패하게 되었을까?

5세기경에 기독교가 들어오고 7세기 이후로 바이킹 족과 노르만 족이 차례로 아일랜드를 침입하자, 오닐 족은 차츰 세력을 잃어갔다. 그런데 10세기경 경쟁 부족이던 브라이언 족에서 보루 왕이라는 걸출한 인물이 태어났다. 브라이언 보루 왕과 당시 오닐 가의 왕이었던 마일 셰크닐 Máel Sechnaill과의 드라마 같은 투쟁은 아일랜드의 또 하나의 전설이 되었다.

브라이언이라면 앞에서 본 오브라이언 부족의 시조다. 자랑스러운 브라이언 왕의 후손이 바로 오브라이언 족이다. 오브라이언 족도 따지고 보면 오닐과 같이 밀레시우스의 후손이다. 밀레시우스의 18세손 이오카Eocha까지는 오닐 족과 같았고, 19세손부터 니알과 브라이언 형제로 나뉘어 오닐 가문과 오브라이언 가문이 양립하게 된 것이다. 그러므로 엄밀히 따지면 두 부족은 형제족이라 할 수 있다.

그것은 드라마 같은 투쟁이었다. 두 사람의 전쟁 가운데는 한 아름다운 여인이 있었다. 또한 오닐 족이 오랫동안 지배하면서 향락에의 안주로 쇠퇴하자, 이를 넘본 브라이언 족이 타라의 권위를 누리고 싶어서 도전한 자존심 싸움이기도 했다. 사랑의 전쟁이라기보다 양 가문의 세력 다툼에 아름다운 여인이 끼어들었다고 볼 수 있다. 『유럽의 정복자 켈트 족』에 나타난 브라이언 보루와 마일 셰크닐의 마지막 결전 이야기는 다음과 같다.

그것은 고름라드Gormlaith라는 한 여인 때문이었다. 고름라드 왕비는 당시 더블린의 바이킹 왕이었던 압리브 쿠아로인의 아내였다. 아름다우면서도 사악했던 고름라드는 일부러 오닐 족의 왕인 마일 셰크닐에게 납치되어 그의 아내가 되었다. 그로부터 5년 뒤, 그녀는 새 남편을 버리고 도망쳐

브라이언 보루의 아내가 된다.

988년에 보루 왕과 셰크닐 왕은 전쟁을 벌인다. 대선단의 선두에서 셰넌 강을 거슬러 온 보루 왕은 자신의 군대를 마일 셰크닐의 왕국 깊숙이 침투시켰다. 그러나 이듬해 마일 셰크닐이 다시 먼스터로 공격하여 진퇴를 거듭했다. 몇 년간의 대결 끝에 마침내 브라이언 보루가 우위를 점하게 되자 마일 셰크닐이 화해를 요청했다.

50세가 넘어 전쟁에 지친 브라이언 왕과 17년간 타라의 왕좌에 있던 마일 셰크닐은 볼모를 맞교환하면서 '전쟁을 하지 않으며, 브라이언 보루가 점령하지 않는다'고 약속했다. 그리고 아일랜드 북쪽 절반은 오닐 가가 지배하고 보루 왕은 아일랜드 남쪽 절반을 다스린다는 조건으로 평화조약을 맺었다. 하지만 1006년에 브라이언 보루는 결국 타라의 언덕을 지배하고 아일랜드 대왕의 자리에 올랐음을 선포했다.

이때부터 오닐 가는 타라의 언덕을 잃고 북쪽의 얼스터 지역으로 세력 중심권을 옮겨갔다. 당시에는 오늘날의 중앙집권제와는 달리 소규모의 부족 중심 사회였기 때문에, 수도가 따로 없고 타라의 언덕이 상징적인 수도 역할을 했다. 브라이언 보루 왕이 이제 타라의 언덕의 새 주인이 된 것이다. 반면에 마일 세크닐은 타라의 언덕을 잃게 됨으로써, 정보의 선점과 독점에서 밀리게 되고 결국 힘을 잃게 된다.

최근에 아일랜드 정부가 타라의 언덕 위로 남북을 관통하는 고속도로 건설을 추진 중에 있어서, 역사와 환경을 걱정하는 사람들의 우려의 목소리가 높다고 한다. 오랜 시간이 흐르고 이제 역사의 뒤안길로 남겨졌지만, 타라의 언덕이 오늘날의 우리에게 주는 교훈은 아직도 유효하다. '사방을 멀리 볼 수 있는 중심을 차지하라. 그리고 높은 곳을 차지하라!'

기업에서 정보의 중요성은 더 강조할 필요조차 없다. 마이크로소프트의 남다른 성장 비결은 오늘날 지식정보사회에서 없어서는 안 될 핵심기술인 프로그램을 남보다 먼저 개발하고 저비용으로 대량 복제하여 소비자에게 독점적으로 공급할 수 있었기 때문이다. 일반적인 서비스 용역과 정보가 구별되는 점은, 용역은 제공되는 당사자에게만 만족을 줄 수 있는데 비해 정보는 다수에게 무차별적으로 동시에 퍼질 수 있다는 것이다.

또한 정보는 축적되었다가 다시 다른 정보로 변신 가능하며, 무엇보다도 제공되어지는 시점, 즉 타이밍이 중요한 것이 일반적인 서비스와는 다르다고 할 수 있다. 그러므로 정보를 창출하는 데는 많은 시간이 소요되지만, 이를 동시에 수많은 사람들에게 공급하는 데는 단시간이면 가능하다. 그러나 적절한 타이밍을 놓치면 정보의 가치는 무용지물이 될 수도 있다.

보이지 않는 것을 보는 눈

'이론'이란 말을 사전에서 찾아보면 '어떤 사상(事象, 사건현상)을 논리적으로 일반화한 체계'라고 정의하고 있다. 지금까지 찾아낸 이론을 배우고 그 바탕 위에서 새로운 이론을 구축해가는 것이 학문의 세계다. 그러므로 현대에 와서는 사건이나 현상의 내용에 따라 다양한 학문으로 분화되고 있다.

그렇다면 이론은 굳이 왜 필요한가? 이론에는 두 가지의 중요한 기능이 있다. 그것은 바로 설명력과 예측력이다. 어떤 사건이나 현상은 왜 일어나며, 앞으로는 어떻게 될 것인가 하는 것이 우리들의 관심이며, 이론은 이러한 문제를 해결해줄 수 있기 때문이다. 그러므로 훌륭한 이론, 우수한 이론이란 설명력과 예측력이 뛰어난 이론을 말한다.

　어떤 현상에 대해서 '왜냐하면'이라는 말로 그 이유를 잘 설명해서 고개가 끄덕여지고 수긍이 될 때 그 이론은 힘을 가진다. 그러나 고개를 갸웃거리게 되고 이런저런 반론과 예외가 나타날 때 이론의 힘은 약해지고, 더 강력한 새로운 이론이 요구된다. 마찬가지로, 이론을 적용해서 미래를 예측해보고 그 결과를 비교해서 예측력이 우수하면 좋은 이론이 된다. 하지만 설명은 그럴듯하게 하는 것 같은데 예측한 결과가 맞지 않으면 그 이론의 힘은 약해지는 것이다.

　현상을 체계적으로 관찰하여 공통점과 차이점을 찾아 얻게 된 단편적인 경험적 인식을 우리는 '지식'이라고 부른다. 이에 비해 비록 논리적이거나 체계적이지는 않지만 사물의 이치에 대해 종합적으로 이해하고 잘 처리하는 능력을 우리는 '지혜'라고 부른다. 이러한 지혜는 체계적인 학문을 통해서라기보다 오랜 경험과 통찰로 얻어지기 때문에, 설명력보다 예측력이 뛰어난 경우가 많다. 그러므로 현실에 있어서는 지식보다는 지혜가 더 실용적이고 유용한 측면이 있다.

　미래는 불확실성의 바다이다. 미래가 어떠한 모습으로 나타날지 아무도 확신할 수 없다. 불행한 것은, 우리 모두는 미래를 위해 미래가 오기 전인 지금 현재에 수많은 선택을 해야 한다는 것이다. 지금 선택해야만 하는 의사결정, 이것이 미래의 운명을 결정짓기 때문에 선택 문제는 두렵다. 여기서 우리는 점을 치거나 아니면 이론에 의존할 수밖에 없다. 이성적인 사람이라면 무어라 이유를 설명할 수 없는 점술에 의존하기보다는 합리적인 이론에 근거하여 결정할 것이다.

여기서 우리는 또 하나의 큰 전제를 가정한다. 즉, 미래와 현재 그리고 과거는 단절되지 않은 하나의 연속체라고 보는 것이다. 미래는 과거를 바탕으로 일어나며, 우리가 정작 살아가는 시간은 언제나 현재뿐이다. 그리고 과거는 죽은 자의 것으로 기억 속에서만 존재하고, 미래는 신의 것으로 상상 속에서만 존재한다. 미래를 추정하는 근거는 과거의 자료이며, 과거의 경험적 자료는 통계로 산출될 수 있고, 통계 자료가 모아지면 다시 확률의 형태로 변형되어 우리에게 미래의 가능성 예측을 위한 정보를 제공해준다. 그러나 그것은 어디까지나 확률의 형태로 나타난 잠정적 결론이라는 것이 이론의 한계다.

미국 듀크대학교의 브레인이미지 연구센터 소장인 스콧 휴텔 박사는 재미있는 실험을 했다. IQ가 비슷하면서 자수성가한 고졸高卒의 부자 집단과 대졸大卒의 보통 사람 집단을 둘로 나누어, 같은 문제를 주어 풀도록 하고 뇌의 움직임을 관찰했다. 문제를 푸는 동안 두 집단은 모두 '배외측전전두엽'이라는 뇌의 특정 부위를 사용했다. 두 집단 간의 차이점은 보통 사람들은 뇌의 다른 부위도 왕성하게 사용하는 데 비해, 부자들 집단은 '배외측전전두엽'에만 의존해 문제를 풀었다는 것이다.

우리나라에서도 유상우 박사가 2004년에 SBS방송과 함께 이를 재현한 바 있다. 뇌과학자들은 이 부위가 사람의 뇌 중에서 가장 이성적인 부분이며, 이 부위에 문제가 생기면 계획을 세우고 스스로 동기를 부여하며 사고를 다양하게 하는 데 지장이 있다고 한다. 그러므로 부자들은 이 부위가 특별히 잘 발달되어 있어서, 어떤 사건이나 현상에 대해 패턴화하는 능력이 보통 사람들보다 우수하다고 할 수 있다.

'A, Z, B, Y, C, ?' 이 문자의 배열에서 C 다음에 올 문자를 20초 안에 맞추라고 할 때, 부자들이 답을 더 빨리 맞췄다고 한다.* 이와 같이 부자들은 보통 사람들에게는 잘 발견되지 않는 어떤 리듬을 찾아내는 능력이 있고, 이 능력은 배외측전전두엽이 발달된 때문이라는 것이다. 배외측전전두엽은 반복되는 훈련으로 개발될 수 있다고 한다.

40년간 연평균 25퍼센트의 놀라운 수익률을 올린 워렌 버핏은 철저하게 기업의 내재가치를 계산하고 주가의 리듬을 찾아낸다. 그는 주가란 궁극적으로 내재가치로 회귀한다고

---

* 이 문자열은 알파벳이 처음과 끝에서 번갈아가며 나오는 것이므로 정답은 X이다.

믿으며, 이 내재가치보다 주가가 낮을 때까지 끈질기게 기다려 투자함으로써 엄청난 부를 일구었다. 1998년 버핏은 온스당 5달러에 엄청난 은을 사들였다. 이 투자를 위해 그는 은 시장에 대해 30년 이상 연구했으며, 그가 마침내 투자했을 때는 은 가격이 영국과 프랑스의 백년전쟁 이후 650년 만에 최저점에 다다랐을 때였다고 한다.

남들이 간파하지 못한 어떤 현상의 패턴이나 리듬 또는 인과성은 중요한 정보가 된다. 일본 속담에 '바람이 불면 통장수가 돈을 번다'라는 말이 있다. 언뜻 연결이 잘 되지 않는 '바람'과 통장수의 '돈'의 인과관계를 일본 사람들은 다음과 같이 말하고 있다.

바람이 분다.→모래가 날린다.→모래가 사람의 눈에 들어간다.→장님이 많아진다.→장님은 샤미센三美線, 고양이 가죽으로 만든 일본 전통악기을 연주해 돈을 벌어서 생활한다.→샤미센을 만드는 데 쓰이는 고양이 가죽이 필요하게 된다.→고양이가 감소한다.→쥐가 늘어난다.→쥐가 나무통을 갉아 먹는다.→통 주문이 증가한다.→통장수가 돈을 번다.

물론 이것은 하나의 현상과 다른 현상이 단일한 인과의 연결고리로만 구성되어 있다는 가정에서 나온 극단적인 이야기지만, 부자들은 특히 돈의 흐름과 관련된 이러한 연관성을 파악하는 힘을 가지고 있다는 것이다. 부자들은 경험을 통해서 반복과 순환의 리듬과 패턴을 찾아내고 미래에 일어날 현상의 조짐 또는 징조를 미리 발견함으로써, 남보다 한걸음 앞서서 의사결정을 내리는 사람들이다.

다소 특이한 경우지만, 결정적인 기회에 포착한 중요한 정보를 놓치지 않고 활용하여 한 가문을 일군 사례를 윌리엄 오하라의 『세계 장수 기업, 세기를 뛰어넘은 성공』에서 볼 수 있다.

1613년 이탈리아에서 온 젊은 청소부 멜레리오는 프랑스 루브르 궁에 있는 굴뚝 연도(煙道)를 청소하면서 몇 사람의 귀족들이 왕 루이 13세를 암살하려는 음모를 엿듣게 되었다. 가난한 도청자가 들은 결정적 정보는 루이 13세의 어머니인 마리 데 메디치에게 전달되어 음모를 막는 데 결정적인 역할을 했다. 왕가에서는 충성스러운 이탈리아 사람에게 은혜를 입은 데 대한 보상으로 왕가만이 가진 특권을 주었다. 이 가문이 바로 프랑스의 보석 명가 멜레리오 가문이다. 멜레리오 가에는 가공 크리스털과 보석류 등을 국왕의 보호 하에 전국적으로 거래할 수 있는 특권이 주어졌고, 이 가문 사람들에 대한 어떤 공격이나 위협도 왕명으로 금지되었다.

정보의 선점으로 어떤 효과를 얻을 수 있는지는 로스차일드 가문의 이야기에서도 찾을 수 있다. 로스차일드 가문은 19세기경 런던, 파리, 프랑크푸르트, 빈, 나폴리에서 사업을 하면서 각국의 필요한 정보를 서로 끊임없이 주고받던 신흥 부자 5형제였다. 그들의 비밀 정보기관은 당시 최고 수준이었다. 로스차일드 가문의 마차들은 쉴 새 없이 유럽의 거리를 달렸고, 배들은 도버 해협을 건넜으며, 심부름꾼들은 유럽 경제 중심지에 자리한 사무실에서 현금과 유가증권, 편지와 소문과 뉴스들을 수집했다. 형제들이 이런 방법으로 수집한 정보는 그들만의 독점재산이었다. 경쟁자들은 아무도 몰랐기 때문에, 그렇게 얻은 정보를 증시에 활용하여 막대한 이익을 올릴 수 있었다. 그중 최고의 정보는 바로 워털루 전투의 소식이었다.

워털루 전투로 인해, 며칠 동안 온 유럽이 불안에 떨었다. 런던의 증시도 마찬가지였다. 나폴레옹이 이길 경우 콘솔^{consol}, 즉 당시 영국의 국채는 급락할 수밖에 없었다. 반대로 웰링턴 공작이 프랑스 황제에게 패배를 안겨줄 경우 이는 곧 영국 국채의 시세 상승을 의미했다. 30시간 동안 유럽의 운명은 워털루 전장의 대포 연기 속에서 한 치 앞도 내다볼 수 없는 상황이었다. 아직 전보가 발명되지 않았던 시절이었다. 주식투자자들로서는 런던에 소식이 당도할 때까지 기다리는 수밖에 다른 방법이 없었다. 단 한 사람, 네이션 로스차일드만이 런던에 있지 않고 도버 해협 연안의 포크스턴 항구에 있었다. 오스탕드에서는 배 한 척이 기다리고 있었다.

　1815년 6월 19일 오후, 로스차일드 가문의 대리인이 이 배에 올랐다. 그의 손에는 잉크도 채 마르지 않은 네덜란드의 신문이 들려 있었다. 6월 20일 날이 샐 무렵 네이선 로스차일드는 그 신문을 보았다. 그리고 곧바로 런던으로 돌아왔다. 그는 먼저 정부로 달려가 나폴레옹이 패배했다는 소식을 전하고서 바로 증권거래소로 달려갔다.

　다른 사람 같았으면 가지고 있던 재산을 몽땅 국채에 투자했을 것이다. 그러나 로스차일드는 오히려 국채를 팔았다. 그것도 엄청난 양을. 그의 이름과 이미 입증된 정보력 때문에 모든 사람들은 로스차일드의 행동을 주목하였고, 로스차일드가 계속 국채를 팔자 거래상들이 하나둘씩 그의 속임수에 넘어가 따라서 국채를 팔기 시작했다. 국채의 가격은 계속 추락했고 최저가격에 이르렀을 때 돌연 그는 국채를 사들이기 시작했다. 얼마 후 승전 소식이 공개되었고 국채 가격은 하늘 높이 치솟았으며, 로스차일드는 엄청난 차익을 얻었다.

변화, 생존의 법칙

이노베이션

5

변신의 속도가 느리면 살아남지 못한다
끊임없는 진화를 향해

heremon Ó Néill

티론의 백작이었던 휴 오닐은 아일랜드에서 엘리자베스 여왕의 세력에 대항한 마지막 인물이었다. 얼스터 지역을 지배하던 오닐 가의 마지막 후손인 그는 자신의 힘이 부족하여 외세에 의존하면서 패망의 길로 접어들었다. 외세에의 의존은 결국 적을 집안으로 불러들인 셈이 되었다.

휴 오닐의 할아버지 콘 오닐은 이웃 종족이 번번이 자신의 영토를 침략하자 힘이 부쳐 런던으로 건너가 헨리 8세에게 지원을 요청하였고, 영국 왕으로부터 처음으로 '티론의 백작' 작위를 받았다. 이 작위를 받은 사실에 대하여 가족 일부는 극렬히 반대하여 심각한 갈등을 빚게 되었다. 위기에 몰린 콘 오닐은 더블린으로 은신하여 영국보호지역에서 죽었고, 그의 아들 세인이 지위를 계승했다. 세인의 추종자들은 세인의 이복동생인 메튜를 살해했고, 세인 자신은 다시 맥도넬에게 살해되었다.

마지막 티론의 백작인 휴 오닐은 살해된 메튜의 아들로서 콘 오닐의 손자였다. 휴 오닐은 엘리자베스 여왕의 세력에 대항하기 위해 전력을 투입했으나 결국 패배하고 말았다.

1607년에 오닐 족과 오도넬 족 등 90명의 얼스터 귀족들은 아일랜드를 영원히 떠나 유럽 대륙으로 도망갔다. '백작의 탈출'이라고 부르는 이 사건으로 얼스터 지역은 영국의 식민통치를 받기 시작했다.

변신의 속도가 느리면 살아남지 못한다

브라이언 보루 왕에게 패한 오닐 족들은 아일랜드의 북쪽으로 세력권을 옮겨 가게 되었다. 10세기에서 12세기에 이르는 동안 오닐 가의 한 계파는 아일랜드의 북쪽으로 밀려나 이니쇼원 반도 입구인 도니골 주에 있는 아일리치의 그리아난에 본거지를 가지고 있었다. 그러나 그 성채도 오브라이언 족 등으로부터 끊임없는 도전을 받으면서 빼앗겼다 다시 찾기를 거듭했다. 후손 중의 또 다른 일부 부족은 이런 시달림을 피해서 티론 쪽으로 옮겨 가기도 했다.

오닐이라는 성을 처음 쓴 돔날은 티론 사람이었고, 그의 윗대 할아버지로서 니알의 아들인 이오간은 티론에서 세력을 크게 구축했다. 티론의 오닐 가가 강력한 세력을 구축한 것은 그 계열 가문의 문장에서도 잘 드러난다. 또 티론 가의 일부 후손들은 네이호를 중심으로 오른쪽으로 원을 그리며 동쪽의 앤트림으로 옮겨간다. 앤트림으로 옮겨간 오닐 족은 18세기에 다시 대륙인 포르투갈로 건너가, 또 하나의 오닐 가인 클래나보이 오닐 가를 이루었다.

북아일랜드의 중심에 있는 커다란 호수인 네이호의 서쪽에 위치한 티론 주는 북아일랜드의 여섯 개 주 중에서 가장 넓은 카운티다. 던가논 시는 티론 주의 동남부에 위치하여 네이호에 가까운 평지로, 풍요한 농산물 집산지이자 티론의 중심 도시이고 교통의 중심지면서 주도이다. 지금은 한국의 시골 읍처럼 초라한 도시로 몰락하여, 한때 영광스러웠던 오닐 가의 위세를 전혀 짐작할 수 없다.

이곳은 오닐 가의 마지막 지배자였던 휴 오닐 백작이 살았던 곳이기도 하다. 이 도시의 언덕 위에 '오닐의 성'이 있다. 지금은 성이 있었던 언덕을 짐작케 할 수 있도록 '캐슬 힐'이라는 이름과 허물어진 성벽 중에서 망루 두 개만 덩그러니 허망하게 남아 있을 뿐이다.

옆의 그림은 티론 오닐 가의 문장과 클래나보이 오닐 가의 문장이다.

티론 오닐 가의 문장

클래나보이 오닐 가의 문장

출처: www.araltas.com/features/oneill/

티론 오닐 가의 문장은 붉은 왼손 하나만 댕그라니 있던 초기 오닐 가의 문장과는 달리, 왼손이 오른손으로 바뀌고 손 그림은 작아졌다. 그 대신에 손목 좌우로 두 마리의 사자가 힘차게 뒷발을 딛고 양손으로 붉은 손을 들고 있는 그림으로 격식과 위엄을 갖추고 있다. 클래나보이 오닐 가의 문장도 마찬가지로 붉은 오른손 손목 아래에 연어로 보이는 물고기와 물결무늬가 그려져 있다. 클래나보이 오닐 가의 중심세력은 앤트림의 북서쪽에 있는 '세인의 성'을 중심으로 형성되었다.

133쪽에서 본 오닐 가의 완성된 문장은 가장 나중에 만들어진 것으로, 초기에 손 하나만 있던 문장에 티론의 문장과 클래나보이의 문장이 합쳐져서 종합적으로 만들어진 것이다.

오늘날까지 문장이 남아 있는 씨족들은 참으로 오랜 세월을 잘 버텨온, 어떤 의미에서 역사의 승자라고 볼 수 있다. 수많은 투쟁의 결과, 패배자는 사라져버렸고 그들의 이름도 남아 있지 않기 때문이다. 어찌 보면 살아 존재하는 것 그 자체가 승자인 셈이다. 어떻게든 살아 부지하는 종족은 다시 일어날 기회가 부여된다. 그러므로 일시적으로 패배한 종족이 이름을 바꾸고 남의 지배를 받으면서 숨어 살다가, 걸출한 영웅이 태어나면 변신하여 다시 승리의 기회를 노려서 성공하는 사례도 흔히 있다.

기업의 경우도 마찬가지이다. 기업의 라이프 사이클을 보면, 창업하여 성장하다가 성숙한 단계를 지나면 쇠퇴의 길에 접어들고 결국에는 실패하여 망하고 합병되는 것이 보다 선명하게 드러난다. 다만 그 망하는 속도가 서로 다를 뿐이다.

그렇다면 망하지 않으려면 어떻게 해야 할까? 오늘날까지 남아 있는 많은 종족들은 어떻게 지금까지 버텨왔을까?

그것은 적응을 위한 변신 즉 '진화' 때문이라고 말할 수 있다. 부단하게 변화하는 상황에 적응하기 위한 끝없는 변신, 이 변신을 위한 진화만이 살아남는 유일한 방법이다. 진화의 속도가 느리면 결국 패망하고 만다. 그것은 모든 특허에는 내용 연수^{자산의 추정사용기간을 나타내는 회계용어}가 있는 것과 같다. 선점의 효과인 특허권은 얼마 가지 못한다. 그러므로 새로운 영역을 또다시 선점해야 존재 유지가 가능하다.

오닐 족도 변신을 거듭했을 것이다. 그러나 변신의 속도는 점점 느려져갔다. 오닐 가의 문장에서 볼 수 있듯이 붉은 손은 점점 작아지고 주변의 권위적인 치장이 늘어나면서 정의를 위한 결단이나 희생의 의지는 점차 줄어들게 되었던 것이다. 모든 지배자들이 몰락해가는 과정과 흡사하게 그들은 풍요에 안주하고 말았다.

밀레시우스의 아들 헤레몬 오닐이 유럽의 선진한 철기문명을 가지고 아일랜드에 처음 발을 들여놓았을 때는 원주민들보다 월등한 지혜를 가졌기에 기술적 우위로 인해 통치가 쉬웠다. 그러나 시간이 흐름에 따라 대륙으로부터 새로운 세력이 들어오게 되었다. 먼저 기독교의 유입으로 그들의 문화적 지배에 들게 되었고, 8세기경에는 북유럽의 바이킹들이 아일랜드에 침입했다. 그들은 빠르고 튼튼한 배를 타고 더블린 인근의 섬에 최초로 상륙했다. 당시의 아일랜드 인들은 부족 간의 갈등으로 인해 바이킹의 침략에 체계적으로 대항하지 못했고 물리칠 힘도 없었다.

아일랜드의 해안에서 흔히 볼 수 있는 높은 라운드 타워Round Tower는 기독교 수사들이 바이킹의 침입을 막기 위해 세웠던 것이라 한다. 그 원형탑으로 도대체 어떻게 적을 막았을까? 그것은 너무나 어처구니없는 방법이었다. 라운드 타워는 높이가 30미터에 이르는 것도 있는데, 탑 꼭대기에 감시원을 두고 바이킹의 침략을 미리 관측하고는 원형탑 꼭대기에 줄사다리를 타고 올라간 뒤 사다리를 거두어버려 올라오지 못하게 하여 피했던 것이다. 그런 방법으로는 소수의 사람이 잠시밖에 견디지 못했을 것이다. 그렇다. 그것은 적을 막은 것이 아니고 잠시 피했을 뿐이다.

그들은 타라의 언덕에서 배운 옛날식 지혜로 적을 대했던 것이다. 그들은 기술적으로 거의 진화하지 못했다. 그래서 10세기경에 바이킹들은 아일랜드 전역을 점령하고 바이킹 왕국을 세웠다. 그 다음에 노르만 족의 침입이 한 번 더 있었다. 노르만 족은 원래 스칸디나비아 반도에서 온 사람들로 오늘날의 노르망디 지역에 정착해서 살았다. 노르만 인들은 그들 이전의 바이킹들처럼 아일랜드에 정착해서 토착 문화에 쉽게 동화되었다.

노르만 인들은 아일랜드에 봉건제도와 중앙집권적인 행정제도를 들여왔는데, 이것은 기존의 켈트 족에 의한 씨족 중심의 사회제도와는 크게 다른 것이었다. 오닐 족을 비롯한 켈트 족들은 씨족 중심의 사회로, 직계 혈족 이외에 신뢰할 수 있는 사람과 신뢰할 수 없는 사람을 구분하는 사회적 기술이 부족했다. 바로 이것이 켈트 족의 최대 약점이었다. 결국 13세기경, 노르만 인들은 아일랜드 전 국토의 4분의 3 정도를 지배했다.

바인하커는 『부의 기원』에서, 환경 변화에 적응하는 존재만이 살아남을 수 있으므로 끝없이 변화하고 진화해야 한다는 것을 강조하고 있다. 그는 엡스타인과 액스텔의 실험 즉, '가상의 설탕 섬'에서 난파된 사람들이 두 무더기의 설탕 더미를 찾고 소비하며 비축하는 컴퓨터 시뮬레이션 게임의 결과를 소개했다. 이 실험 결과에서 시뮬레이션 초기에는 평등한 조건이었다. 하지만 시간이 흐름에 따라 사람이 소유한 설탕이라는 부의 분포는 크게 바뀌어, 처음에는 3에서 30단위까지 퍼져 있던 것이 나중에는 0에서 270단위까지 분포가 변하는 것을 볼 수 있었다. 이것은 놀랍게도 파레토의 분포와 흡사하다고 한다.

파레토 분포란 소득분포의 불평등도에 관한 법칙이다. 이탈리아의 경제학자 파레토가 1895년에 여러 나라에서 수집한 소득 데이터의 분포를 그렸더니 정규분포가 아니라 부의 아래쪽에 많은 사람들이 모여 있고, 중간층은 넓게 분포되어 있으며 몇몇 소수의 수퍼 부자들이 상단에 있는 특이한 곡선으로 나타났다는 것이다. 이 분포에서 파레토는 전체 부의 80퍼센트를 20퍼센트의 소수 사람들이 소유하고 있다는 사실을 발견했다. 이러한 양극화 현상을 '파레토의 법칙'이라고 말한다.

파레토의 비율과 비슷한 것으로, 유태인들의 상술의 기초가 되는 78 대 22라는 법칙이 있다. 이것은 정사각형과 그에 내접하는 원의 관계에서 정사각형의 넓이를 100이라 한다면 원의 넓이는 78 정도로, 정사각형은 78이라는 원과 나머지 22로 구성되어 있다는 것이다. 또 공기 중의 질소와 기타의 비율도 78 대 22 정도이며, 사람의 신체도 수분과 기타가 78 대 22 정도의 비율로 이루어졌다고 한다. 같은 원리로, 돈을 빌려주려는 사람과 돈을 빌리려는 사람도 78 대 22 정도의 비율로 구성되어 있기 때문에 은행은 언제나 있게 마련이고, 좋은 사업거리만 있으면 돈을 제공하려는 사람은 얼마든지 있다는 것이다.

바인하커는 '가상의 설탕 섬'에서 시간이 지남에 따라 부의 분포가 달라지는 과정을 순수 수렵·채집단계와 거래단계의 두 단계로 나누어 관찰했으며, 부의 분포가 변화하는 원인을 물리적 환경, 우연, 유전적 형질, 적응력 등으로 설명했다. 이런 사실을 응용하여 부익부 빈익빈의 원인을 외적인 환경요인과 내적인 개인능력요인으로 간단히 구분해볼 수 있다.

환경요인은 다시 공간적 조건과 시간적 조건으로 나눌 수 있다. 평균 이상으로 좋은 환경에 처해 있으면서 능력도 있는 사람은 전체의 4분의 1에 불과하다. 환경이나 능력 중 어느 하나가 좋지 않은 사람이 4분의 2쯤 있고, 환경도 좋지 않고 능력도 없는 사람이 4분의 1이라고 생각할 수 있다. 처음에는 이렇게 정규분포를 이루고 있다가, 차츰 환경이 좋고 능력이 있는 소수는 여러 게임에서 이기게 되어 소비량보다 더 많은 부를 획득하여 소비하고 난 나머지를 축적하게 된다. 이에 비해 중간층은 자기가 소비할 만큼만 겨우 벌 뿐이어서 현상유지에 급급하다. 반면에 나쁜 환경에 처한 능력 없는 사람은 자신이 소비할 만큼의 소득도 올리지 못해 자꾸 먹이를 줄여가다가 결국에는 도태되고 만다.

　이러한 시뮬레이션을 반복하면 상층의 부자는 축적된 자본으로 다음의 경쟁에서는 점차 유리한 게임을 하게 되어 더 많은 부를 얻게 된다. 결국에는 4분의 1[25퍼센트]의 부유층이 사회 전체의 부 중에서 4분의 3을 지배하여 파레토의 분포와 비슷하게 된다.

　그런데 문제는, 한번 상층에 든 부자라고 해서 계속 부자로 살아남을 수 없다는 사실이다. 시간이 지남에 따라 환경이 계속 변하기 때문이다. 『포브스』의 조사에서 처음에 선정했던 100대 기업이 70년 뒤에 조사하니 18개 기업만 존속한 사실이나, 스탠더드앤드푸어스[S&P]의 500대 기업이 40년 뒤에는 74개 기업만 남았다는 사실, 그리고 한때 탁월한 기업이었던 IBM이 지금은 실패한 기업으로 변한 것도 비슷한 결과라 할 수 있다. 그러므로 새로운 환경에 적응하고 변신하며 진화하는 능력, 그것이 바로 진정한 능력인 것이다.

　전통적 경제학에서는 수요와 공급이 만나는 시장을 완전경쟁시장이라고 가정하여, 가격이라는 '보이지 않는 손'이 조정하여 일물일가[物價]를 이루기 때문에 인위적인 개입이 필요 없다고 보았다. 그런데 실제의 현실에서는 이러한 완전경쟁시장은 없다. 따라서 현실의 균형은 잠정적·일시적 균형으로 언제나 틈새가 존재한다. 제공되는 상품이나 서비스의 품질 혹은 수량에 대한 정보도 정확하지 않을 뿐 아니라, 모든 사람의 기호나 선호가 같지 않으므로 지극히 부분적으로만 균형을 이룰 뿐이다.

부자들의 개인적 특성을 살펴보면 수렵·채취시대에는 부지런하고 민첩하며 힘이 세어 재화를 선점했고, 교환시대에는 어디에서 무엇이 부족한지를 알고 다른 장소에서 재빨리 구해 공급함으로써 차익을 누렸다. 생산시대에는 사람들의 기호에 맞추어 새로운 재화를 만들어 공급했고, 창조시대에는 인위적으로 새로운 재화와 서비스를 창조하여 틈새를 새롭게 만듦으로써 수요를 능동적으로 창출하여 부를 창조해나갔다.

파레토는 한정된 재화로 구성원 어느 누구의 희생 없이 최대의 만족을 가져올 수 있는 배분 방법을 '파레토 최적'으로 제시했으나, 실현 불가능한 많은 가정을 전제로 하고 있다. 이에 비해, 슘페터는 부의 원천은 개별 기업가들의 영웅적인 노력에 근거한다고 보고 혁신을 핵심적인 요소로 보았다. 자유시장경제에서 소득의 격차는 구조적인 것으로 다소 줄일 수는 있어도 완벽하게 회피하기 어렵다. 그러므로 상대적 만족을 평준화시키려는 노력보다는 절대적 만족의 크기를 확대하는 슘페터적 노력이 더욱 바람직한 방법이라고 생각된다.

변화를 간파하여 성공한 사례는 일찍이 중국에도 있었다. 백규는 주나라 사람으로, 사마천은 그에 대해 다음과 같이 기록하고 있다. "위나라 문후 때에 이극이라는 사람은 농경을 중시하여 토지를 충분히 이용하는 일에 힘을 기울였으나, 백규는 때의 변화에 따른 물가의 변동을 관찰하는 것을 즐겼다. 그러므로 세상 사람들이 버리고 돌아보지 않을 때는 사들이고, 세상 사람들이 사들일 때는 팔아넘겼다. 즉 풍작일 때는 곡물을 사들이고 대신 실과 옷을 팔아 넘겼으며, 흉작이 되어 고치가 나돌면 비단과 솜을 사들이고 대신 곡물을 팔아 넘겼던 것이다."

투자는 크게 가치투자와 기술적 투자의 두 가지로 나눌 수 있는데, 백규는 오늘날의 말로 표현하면 기술적 투자의 대가라 할 수 있다. 워렌 버핏이 가치투자의 대가로서 '오마하의 현인'이라고 한다면, 백규는 '주나라의 현인'이라 할 수 있다.

그에 대한 기록을 더 살펴보자. "풍년과 흉년의 변화를 보며 사고팔고 했으므로, 백규의 축적은 대체로 해마다 배로 늘어났다. 돈을 늘리려고 생각하면 싼 곡물을 사들이고, 수확을 늘리려고 생각하면 좋은 종자를 썼다. 거친 음식을 달게 먹고, 욕심을 억제하며, 의복을 검소하게 절약하고, 일을 시키는 노복과 고락을 함께하며, 시기를 보아 행동하는 데는 맹수나 맹금이 먹이를 보고 달려드는 것처럼 빨랐다."

그는 수급 및 경기의 변화를 정확히 예측하고 민첩하게 거래하여 시세 차익을 남겼다. 그러나 백규는 검소하면서 사욕을 채우지 않고 이웃이나 노복과 함께 나누었기에 존경받게 되었다. 백규는 그의 지혜를 배우고자 하는 사람에게 이렇게 말했다고 한다.

"내가 생업을 운영하는 것은 마치 큰 정치가인 이윤(伊尹, 은나라 탕왕의 재상)과 여상(呂尙, 태공망)이 정책을 도모하여 펴듯, 병법가인 손자(孫子)가 군사를 쓰듯, 법술가인 상군(商君)이 법을 행하듯이 했다. 그러므로 임기응변으로 처리하는 지혜도 없고, 일을 결단하는 용기도 없고, 얻었다가 도로 주는 어짊도 없고, 지킬 것을 끝까지 지키는 강단도 없는 사람은 내 방법을 배우고 싶어하더라도 가르쳐주지 않겠다."

'사업가의 표상'으로 존중받는 백규의 경제 철학은 한마디로 지(智)·용(勇)·인(仁)·인(忍) 정신이라 할 수 있다. 사마천이 열거하는 부자들에게 공통적으로 나타나는 철학은 '나눔 정신'이며, 이것은 다음과 같은 말로 요약될 수 있다. "1년을 살려거든 곡식을 심어라. 10년을 살려거든 나무를 심어라. 백 년을 살려거든 덕을 베풀어라.(자손에게 그 보상이 돌아가므로)" 이것은 오늘날에도 명심해야 할 소중한 경제 철학이다.

동서양의 고대철학을 통틀어서 공통적으로 일치되는 사상은, 만물은 끊임없이 변화한다는 사실이다. 고대 그리스의 철학자 헤라클레이토스는 "만물은 유전流轉한다. 그러므로 사람은 두 번 다시 같은 강물에 몸을 담글 수 없다"고 말했으며, 동양의 『주역』에서도 고정된 실체는 없으며 "궁하면 변하고 변하면 통하고 통하면 오래간다窮則變 變則通 通則久"고 말한다. 이러한 변화 속에서 변화의 방향이나 내용을 미리 감지하고 예견하여, 변화에 적응하며 능동적으로 대처할 수 있는 창의력을 발휘하는 사람만이 힘을 가지고 부자가 되어 살아남았다.

위대한 발견은 우연히 이루어지는 듯하지만 결코 그렇지 않다. 사과는 그 이전에도 수없이 떨어지고 있었지만, 끊임없이 생각하고 밤새워 연구하던 뉴턴의 발 앞에 떨어지기 전까지는 그 누구도 중력의 원리를 발견할 수 없었다. 마찬가지로 서 말들이 큰 무쇠솥 뚜껑이 들썩거리도록 아궁이에 불을 땠건만 와트 이전에는 아무도 증기의 위대한 힘을 발견하지 못했다.

영국의 산업혁명을 이끈 이발사 출신의 기술자로, 수력 방적기를 발명하여 전통적 생산방식에 일대 혁명을 가져온 아크라이트는 근대적 공장을 처음 만든 사람이다. 그는 찢어지게 가난한 집안의 열세 자녀 중 막내로 태어나 정규교육은 받지 않았지만, 항상 새로운 아이디어로 충만했다. 심지어 밤을 새워 기계를 제작하는 데 저축한 돈을 몽땅 써버려 부인이 기계 모형을 모두 부숴버리기도 했다.

하지만 굽힐 줄 모르는 용기와 뚝심, 그리고 통찰력과 사업 수완을 가진 그는 역경을 극복하여 큰 부자가 되었고, 방적기를 개발한 지 18년 만에 주지사가 되고 조지 3세로부터 기사 작위를 받을 만큼 명성을 얻었다. 그는 기술자로 성공하여 부를 이루고 사회적 지도자가 된 드문 사례다. 그가 이룬 부는 끝없이 솟아나는 창조정신의 열정에 대한 보상이라 할 수 있다. 아크라이트의 경우는 물론 운 좋게 성공했지만, 기발한 물건을 발명하고도 실패한 경우는 수없이 많다.

슘페터는 무수한 저항과 어려움에도 불구하고 이렇게 새로운 생산과정이나 상품을 만들어내며 '창조적인 파괴'를 통해 성장과 복지를 위한 조건을 만들어내는 혁신가를 '기업가'라고 정의하고, 단순한 자본의 소유자나 발명자 그리고 경영자와는 다르다고 보았다.

1993년 삼성그룹 이건희 회장이 독일 프랑크푸르트에서 삼성그룹 사장단을 모아놓고 말한 "마누라와 자식만 빼고 다 바꿔라!"라는 '신경영 선언'은, 이와 같이 변화하지 않으면 살아남지 못한다는 사실을 인식한 절박한 선언이었다.

1998년 미국 스탠퍼드대학교 박사과정 학생이었던 세르게

이 브린과 래리 페이지에 의해 인터넷 검색엔진 개발로 출발한 구글Google은 최단시간에 세계적 기업이 되었는데, 이 회사에는 특별한 규칙이 있다. 적어도 업무시간의 20퍼센트 또는 일주일에 하루는, 무엇이든 상관없이 자신이 좋아하는 프로젝트를 해야 한다는 규칙이다. 이러한 '20퍼센트 규칙'은 기업문화를 확립하고 혁신적 아이디어 개발을 장려하기 위해서는 창의성이 필수적 요소라고 인식한 데서 나온 것이다.

모든 현상과 환경이 바뀌는 것을 전혀 감지하지 못하는 사람은 곧 다가올 미래에 가서는 여러 경쟁에서 지배당하고 결국은 도태되기 마련이다. 이에 비해 변화를 알면서도 이에 순응할 뿐 행동으로 변화를 이끌고 갈 의지가 없는 사람은 미래에 그냥 평범하게 살아갈 뿐이다.

성공적인 벤처기업의 리더들 중에서도 일대 혁신을 통해 성공을 거둔 다음에는 기존에 해오던 대로 안주하려고 하는 '타성'에 빠지는 경향이 있다. 사람은 대체로 기존의 이론과 현상에 길들여져 있어서 이에 안주하려는 경향이 있기 때문에, 새롭게 설명하고 새롭게 예측하는 이론은 대체로 모험적이며 성공하기가 어렵다. 이것은 마치 줄 한쪽 끝에 무거운 추를 매달고 돌릴 때와 유사하다. 밖으로 뛰쳐나가려는 원심력과 안으로 당겨지는 구심력이 팽팽하게 대립되면 같은 원운동을 하지만, 원심력이 더 강하면 추는 밖으로 뛰쳐나가고 구심력이 더 크면 안으로 오그라들기 때문이다.

정치적으로나 경제적으로 남을 지배하고 이끄는 극소수의 사람들은 이 변화를 미리 예견하고 새로운 환경에 대처할 방안을 행동으로 찾고 미리 발견해내는 소위 '위험을 받아들이는 사람 risktaker'이다. 무엇보다 행동으로 옮기는 것이 가장 중요하다. 스페인 왕의 지원을 받아 이제까지 한번도 가보지 않았던 방향으로* 공포의 바다를 용감하게 항해하여 신대륙을 발견한 콜럼버스의 경우와 같다.

일본의 거부 손정의는 빌 게이츠로부터 받은 한 권의 책을 소중히 보관하고 있다고 한다. 그 책은 빌 게이츠가 쓴 『미래로 가는 길』로, 다음과 같은 자필 메시지가 적혀 있다고 한다. "당신은 나만큼이나 위험감수자이군요 You are a RISKTAKER as much as I am." 세계적인 부자인 빌 게이츠나 손정의 등은 모두 미래의 불확실성에 대해서 과감한 결정을 하고 기꺼이 위험을 감내하는 사람들인 것이다. 위험이 많다는 것은 실패할 가능성도 매우 높다는 것을 의미한다.

GE를 세계 최고의 기업으로 성장시킨 잭 웰치는 "변화에 저

---

* 당시만 해도 대서양의 서쪽으로 자꾸 가면 지구의 아래로 끝없이 곤두박질칠지도 모른다는 생각을 가졌다.

항하는 사람들은 그들의 실적이 만족스럽다 하더라도 색출하여 제거하라"고 과감히 말한다. 변화에 적극적으로 대처하지 않고 우물쭈물하다가 망해버린 회사가 얼마나 많은가! 일본의 나가오카사는 레코드 바늘을 만드는 50년 전통의 기업이었지만, 디지털화로 전통적 음반이 사라지면서 바로 망하고 말았다. 앤드류 카네기도 우드러프가 발명한 '침대열차'의 중요성을 깨닫고 이를 제작해 크게 성공했는데, 이것은 그가 최초로 거금을 벌어들인 사업이었다. 지나고 보면 별 것 아닌 것 같은 결정도, 그것을 결정할 시점에는 뼈를 깎는 어려운 과정을 거쳐 위험을 무릅쓰고 이루어졌음을 알아줘야 할 것이다.

인간이 가진 딜레마는 지금 현재에 과거의 사실에 대해서 의사결정을 할 수 없고 그러나 경험을 쌓을 수는 있다, 불확실한 미래의 사실에 대해 언제나 '지금 당장' 판단하고 결정해야 한다는 사실이다. 그러므로 미래의 변화를 어떤 방법으로든 예측하고, 이러한 변화에 앞서서 대처하기 위해 새로운 생산방법이나 제품 또는 서비스를 창조해낸다는 것은 무수한 변혁의 고통이 따른다. 한때 회생불능의 판정을 받았던 회사, 한국전기초자를 맡아 성공적으로 회생시킨 서두칠 사장은 『우리는 기적이라 말하지 않는다』에서 다음과 같이 말하고 있다.

"혁신의 '혁'은 '빛날 혁'이 아니라 '가죽 혁革'입니다. 세상에 거저 되는 일은 없습니다. 여기서 사라지지 않고 다시 탄생하려면 살갗을 벗기는 고통보다 더한 고통을 감내해야 합니다. 혁신은 완전하게 버리고 전혀 새롭게 시작해야 달성할 수 있는 목표입니다."

한자에서 가죽을 나타내는 말로는 피皮와 혁革이 있다. 여기서 피는 털이 달려 있는 가죽이고, 혁은 털을 깎아내고 무두질한 가죽을 말하는 것으로 힘든 변화의 과정이 포함된 것이다. 그래서 혁신, 혁명 등에는 힘든 고통이 따른다. CEO들은 바로 피를 혁으로 바꾸어 쓸모 있게 만드는 중심인물이다. 그러한 고통과 위험의 대가로 얻어진 권력이나 부를 우리는 솔직히 인정해줘야 한다. 그것이 자본주의고 민주주의다.

미래학자 레스터 서로우는 『세계화 이후의 부의 지배』에서 새로운 상황과 미래에 적극적으로 대처하기 위해서는 조직에 지식책임자CKO, Chief Knowledge Officer가 필요하다고 주장하면서, 마이크로소프트의 빌 게이츠는 CEO의 자리를 스티브 발머에게 물려주고 자신은 CKO의 자리를 맡았다고 한다. 서로우에 의하면 CKO란, "기술, 경제학, 사회학, 정치학 및 국제문제에 정통한 사람으로 일련의 연구과정을 이끌어 개인, 기업 및 국가로 하여금 21세기에 나아가야 할 길을 보다 분명히 인식할 수 있게 하고, 원하는 대로 그 길을 만들어 갈 수 있게 해줄 사람"이다.

이제는 단순히 조직의 목표를 설정하고 그 목표를 달성하기 위해 어떤 행동을 집행하도록 하는 CEO의 역할보다, 거시적으로 새로운 환경에 대처할 수 있는 종합적 지식을 가진 자, 즉 CKO가 더 중요한 위치에 있다는 것이다.

『100년 기업의 조건』을 쓴 케빈 케네디는 기업의 규모가 점차 커지면, 기업의 크기와 복잡성이 리더의 시야를 방해하는 현상이 생긴다고 말한다. 리더들은 경영의 이슈에 정신을 못 차리다가 태양 빛이 나침반 유리에 반사되어 나침반을 읽을 수 없어 어디로 가야 할지 알기 힘든 것과 같은 소위 '글레어 glare 현상'을 경험한다는 것이다. 글레어에 의한 착시를 성공적으로 줄이고 차별화된 방향을 제시하는 기업들은 이후에 위대한 기업으로 남게 된다고 한다.

시대적 흐름을 정확히 읽어낸 경영자로 코넬리어스 밴더빌트를 들 수 있다. 그는 범선에서 시작하여 증기선으로 여객사업을 해서 돈을 벌었고, 그 다음에는 철도사업으로 변신하여 미국의 부자가 되었다. 뉴욕의 한 농가에서 가난한 네덜란드 계의 아들로 태어난 그는 열일곱의 나이에 어머니로부터 빌린 1백 달러로 범선 한 척을 사서 사업을 하여 1년 만에 1천 달러로 만들었다. 그는 머지않아 범선의 시대가 끝나가고 있음을 예측하고 증기선을 임대해서 서른세 살에 독립 회사를 차렸다. 그로부터 몇 년 뒤에는 증기선 1백 척을 운영하여 여객과 화물을 수송했다. 밴더빌트의 성공 비결은 혁신을 통해 경쟁자들보다 한발 앞서 가도록 노력하는 것이었다.

그는 적절한 순간에 범선에서 증기선으로 갈아탔으며, 최초로 나무가 아닌 석탄을 증기선의 연료로 사용했다. 또한 경쟁자들보다 앞서 배의 선체를 목재 대신 금속으로 만들었고, 외륜 대신 스크루 프로펠러로 배를 움직였다. 1861년 남북전쟁이 터졌고 이 전쟁은 밴더빌트의 인생에 전환점을 가져왔다. 정부에서 그에게 군인과 군수품 수송을 의뢰했을 때, 그는 군인들을 전선으로 이동시킬 수 있는 것은 수로가 아니라 철도라는 것을 깨달았다. 결단력이 빠른 밴더빌트는 배를 팔고 철도회사의 주식을 사들였다. 그는 비정한 방법으로 경쟁자를 몰아내 한때 비난의 대상이 되기도 했지만, 사치를 경멸하고 명성을 업신여겼다는 점에서 주목할 만한 인물이었다. 그는 교회를 세웠고, 테네시 주의 내슈빌에 명문 밴더빌트대학교를 세웠다.

우베 장 호이저와 존 융클라우센이 쓴 『신화가 된 기업가들』에서는 미쓰이 그룹을 창업한 미쓰이 소쿠바이가, 시대의 변화에 맞춰 극적으로 변신한 하나의 사례로 제시되고 있다. 사무라이였던 소쿠바이가 1616년에 했던 다음의 말은, 시대의 변화에 어떻게 변신할 수 있는가를 단적으로 나타낸다.

"평화가 우리 앞에 도래했다. 우리는 더 이상 검으로 살지 않을 것이다. 나는 명예로운 방법으로 큰돈을 벌 수 있다는 것을 알았다. 그래서 나는 사케를 양조하고 간장을 제조할 것이다. 잘될 것이다."

사무라이였던 미쓰이 소쿠바이는 마쓰사카에서 벼농사를 짓기 위해 귀족 칭호와 검을 포기하겠다는 맹세를 하고 일반 시민 계층으로 내려앉았다. 그는 당시의 정치 상황을 제대로 파악했다. 1603년 도쿠가와 이에야스가 쇼군과의 전쟁에서 승리하고 새로운 시대가 열렸음을 선포하자 사무라이에게는 아무런 할 일이 없었던 것이다. 양조업에서 출발한 미쓰이 소쿠바이는 얼마 되지 않아 대금업貸金業이 양조업보다 더 많은 이윤을 내는 것을 알았고, 그의 아들 다카토시는 미쓰이라는 상호를 내건 포목점을 열었다.

미쓰이 다카토시의 경영비법은 '더 빨리' 그리고 '더 많은' 서비스를 제공하는 것이었다. 다카토시는 하루 만에 모든 재봉 공정을 끝내는 제도를 구상했다. 재봉사 한 사람이 혼자서 옷감을 마름질하고, 본을 뜨고, 자르고, 바느질하는 것이 아니라 여러 사람이 이 일을 나누어 하는 것이다. 즉 옷감을 마름질하는 사람, 본을 뜨는 사람, 옷감을 자르는 사람, 바느질하는 사람으로 나누는 것이다. 그것은 2백 년 뒤 헨리 포드가 자동차 생산에 도입했던 바로 그 일관 생산공정과 비슷하다.

이러한 공정 때문에 미쓰이의 고객들은 아침에 고른 옷감으로 저녁에 옷을 지어 입게 되었다. 이 구상 덕택에 에도에서 처음 문을 연 포목점은 대성공을 거두었다. 다카토시의 후손들은 250년 뒤인 20세기 초, 전 세계에 3백만 명의 직원을 거느린 미쓰이 그룹을 세웠고, 제2차 세계대전이 끝나고 미국 점령군이 재벌을 해체했을 때 무려 2백 개의 회사로 분할되었다.

변신에 변신을 거듭하여 새로운 상품을 끊임없이 내놓고 있는 기업 3M은 변신의 귀재다. 1902년에 설립된 3M의 원래 이름은 미네소타 광업·제조회사Minnesota Mining and Manufacturing Co.였다. 이 회사는 헨리 브라이언과 네 명의 동업자가 창립하여 처음에는 광물 연마 사업을 하였으나, 이 수요가 줄어들자 바로 샌드페이퍼사포 생산으로 전환했다. 몇 년의 고생 끝에 이 회사는 세인트폴로 본사를 이전하면서, 1920년 초에 세계 최초로 자동차 생산에서 공기 중의 먼지를 줄일 수 있는 방수 샌드페이퍼 개발에 성공했다. 그리고 1925년에 마스킹 테이프, 스카치테이프 등을, 1940년대에는 제2차 세계대전의 방위산업과 관련된 마그네틱 음향 기록 테이프나 오프셋 프린트용 테이프

등을 개발했다. 1950년대에는 비디오테이프, 1960년대에는 OHP시스템을 비롯하여 건강 및 의료기구 등에서 탁월한 제품을 생산했다.

3M의 가장 획기적인 발명품은 뭐니 뭐니 해도 1980년대에 개발한 '포스트잇Post-it'이라고 할 수 있다. 아무 데나 척척 붙일 수 있고 떼어낼 수도 있을 뿐 아니라, 붙였던 자리에 아무런 자국도 남기지 않는 메모지. 이 메모용지는 3M의 최대 히트상품 가운데 하나다. 그런데 실은 이 아이디어 상품은 연구자의 원래 뜻에 어긋난 '실패작'에서 탄생되었다고 한다. 3M의 중앙연구소 소속 연구원인 스펜서 실버는 종래의 접착제를 보다 강력하게 만들기 위한 연구를 추진하고 있었다. 그런데 실버는 개발 과정에서 잘 붙기는 하는데 반대로 간단히 '떨어지는' 접착제를 발명하고 말았다. 다윈이 말하는 이른바 '변종'이 태어난 것이다.

떨어지는 접착제는 접착제 본래의 상품가치에서 볼 때 낮게 평가될 수밖에 없어서 그것은 한동안 실패작으로 잊혀가고 있었다. 그러나 실버는 이 이상한 물질이 자기가 원래 만들고자 하는 것과는 다르지만, 이를 달리 이용할 방법이 없을까 생각을 했다. 그래서 그는 이 물질의 특성을 이용하여 뭔가 재미있는 상품을 만들 수 없을까 하는 내용의 회람을 다른 연구소에

돌리고 조언을 구했다. 이 문의에 반응을 보인 것이 아트 프라이였다.

프라이는 교회의 성가대원으로서 주일마다 교회에서 노래를 부르고 있었는데, 주일이 되면 그날 부르기로 예정된 찬송가 페이지에 미리 종이쪽을 끼워두는 습관이 있었다. 그렇게 해 둠으로써 다음에 부를 찬송가 페이지를 쉽게 펼칠 수 있기 때문이었다. 1974년의 어느 일요일, 프라이는 여느 때와 같이 찬송가를 부르고 있었다. 만일 종이쪽 서표에 풀칠이 되어 있다면 그것이 빠져 나가는 일은 없을 것이다. 게다가 찬송가의 페이지에 붙어 있다가 그것을 떼어낼 때 책장이 손상되지 않는 서표가 있으면 좋겠다는 생각이 퍼뜩 떠올랐다. 그래서 프라이는 당장 떼어낼 수 있는 서표의 개발에 착수했다.

이 순간적인 착상은 4년 동안이나 묻혀 있던 실버의 특이한 접착제가 다시 빛을 보게 되는 계기가 되었다. 프라이는 '쉽게 떼어지는 접착제'가 실버에 의해 발명되었다는 사실을 기억해 냈다. 당시 이 이상한 특성을 지닌 접착제의 견본은 3M에 널리 배포되어 있었으므로 프라이는 이것을 이용할 수 있었다. 프라이는 찬송가 책갈피에 끼워두는 서표에 그 접착제를 이용하는 방법을 개발하기 시작했다. 몇 가지 시행착오를 거친 뒤, 3M은 포스트잇을 1981년부터 본격적으로 판매하기 시작했고 매출이 급속히 신장되면서 전 세계로 퍼져 나갔다.

이러한 3M의 사례와 함께 세계 최대의 휴대폰 기업인 핀란드의 노키아와 항공업계의 황제인 보잉사가 처음 창업할 때는 목재회사였고, 아메리칸익스프레스사는 서부개척시대에 역마차 사업을 했다는 사실은 기업의 진화를 단적으로 보여주는 사례라고 할 수 있다.

끊임없는 진화를 향해

 오닐 가는 기술적 진화도 부족했지만 무엇보다도 사회적 진화가 부족하여 결국 진화에 실패했다고 볼 수 있다. 특히 그들은 씨족 중심이었기 때문에 사회적 진화에서는 현저히 떨어졌던 것이다. 그렇다면 사회적 진화란 무엇인가?
 사회적 진화란 경제적 진화를 위한 두 가지 기술 중의 하나이다. 경제적 진화를 위해서는 앞에서 말한 기술적 진화와 사회적 진화가 꼭 필요하다. 기술적 진화란 청동이나 철기의 사용, 증기 기관의 사용, 반도체 칩의 사용과 같이 과학 기술이 바뀌는 것을 말한다. 사회적 진화란 사람으로 하여금 무엇인가를 하도록 제도화하고 조직하는 기술로 법규나 화폐제도,

회사 조직 등의 제도 발달과 같은 것이다.

우리는 여기서 위대한 조직에는 반드시 '위대한 지도자'가 있어야 하는가를 생각해볼 필요가 있다. 황이석이 쓴 『CFO 강의노트』에 보면 워렌 버핏의 예를 들면서 '위대한 기업'을 언급하고 있다. 일반적으로 위대한 기업에는 위대한 경영자가 있다고 말한다. 여기서 위대한 경영자란 통찰력과 강력한 지도력을 갖고 있어서 임직원들에게 영감을 불러일으킬 수 있는 슈퍼스타와도 같은 존재라고 할 수 있다. 그러나 워렌 버핏은 이와 같은 걸출한 경영자에 의존하는 기업은 진정한 의미의 위대한 기업이 될 수 없다는 독특한 의견을 제시했다. 슈퍼스타에 의존하는 기업은 오히려 경쟁력을 쉽게 상실할 수도 있기 때문이다. 그는 미국 미네소타 주에 있는 세계 최대 병원인 메이요 클리닉 Mayo Clinic을 예로 들어 설명한다.

우리는 메이요 클리닉의 병원장이 누구인지를 알 필요가 없다. 다만 큰 병에 걸렸을 때 이 병원에 가면 생존확률과 완치율이 높을 것이라는 믿음은 변치 않는다. 수많은 역량 있는 의료진이 끊임없이 노력하고 개선하는 과정에서 경쟁력이 향상되어 왔기 때문이다. 기업 임직원의 역할도 이와 다르지 않다. 슈퍼스타와 같은 걸출한 지도자가 있다면 이는 축복이지만, 이러한 슈퍼스타가 없더라도 '위대한 기업'이 될 수 있는 것이다.

오닐 가의 경우도 마찬가지였다. 헤레몬 이래로 일찍이 위대한 지도자가 수없이 태어났지만, 슈퍼스타에만 의존했던 왕국은 그 슈퍼스타가 없으면 졸지에 무너질 수 있다는 단점이 있다. 그러므로 일찍이 리본의 색깔로 신분을 구분한 티건마스 왕과 열 명의 현자를 뽑아 가까이 두고 모든 왕정을 자문했던 코르막 왕의 지혜를 더욱 발전시켜, 정보와 조직을 이용하고 시스템화하여 조직 자체가 스스로 움직여갈 수 있기 위해서는 사회적 진화가 있어야 했다.

오늘날 분단의 아픔을 안고 있는 아일랜드의 갈등도 이때부터 생겼다고 볼 수 있다. 바이킹 족과 노르만 족이 야금야금 아일랜드로 들어와 지배할 때까지는 크게 문제가 되지 않았다. 그들은 먼저 온 현지인인 켈트 족과 적당히 동화하면서 서서히 지배했기 때문이다. 물론 바이킹과 노르만 족이 아일랜드로 들어와 오닐 가의 영역을 파고들 때 크고 작은 마찰이 전혀 없었던 것은 아니다. 하지만 그들은 같은 종족이 아닌 다른 사람들을 잘 부릴 수 있는, 행정적으로 선진한 사회적 기술을 활용하여 알게 모르게 오닐 가의 세력을 약화시켜 갔다.

그러나 16세기 영국에서 헨리 8세가 왕위에 오르고 로마 교황청과 결별을 선언하면서 영국 국교회를 세우자, 이때부터 가톨릭을 신봉하는 토착 아일랜드 사람들과 영국 국교회를 믿는 노르만 사람들 간에는 메워지지 않는 갈등의 골이 패이기 시작했다. 헨리 8세의 뒤를 이은 엘리자베스 1세는 아일랜드에서 왕권을 더욱 강화하기 위해 아일랜드 사람들을 핍박했다. 오닐 가가 몰락한 것도 그 때문이라 할 수 있다.

여기서 가족기업의 특징을 살펴볼 필요가 있다.

장수기업을 깊이 연구한 윌리엄 오하라는 가족기업이 오래가는 이유로, 단순함에서 오는 빠른 의사결정과 가족만이 가지는 몇 가지의 특성을 들고 있다. 가족은 서로를 신뢰한다. 재산을 중시하는 동시에 명성을 중시한다. 현재의 가족은 물론 미래의 자손들까지 생각한다. 바로 이것이 가족기업이 오래 견디는 이유라는 것이다.

그러나 가족기업은 이러한 장점과 함께 단점도 가지고 있다. 고대의 왕조나 가족기업이 망하는 이유는 대체로 가족 간의 갈등을 해소하지 못했기 때문이다. 가족 중심의 기업이나 왕조는 개인적인 이해관계를 넘어 가족 간의 희생적인 협력이 있을 때 초 효율적인 능력을 발휘한다.

갈등은 경쟁, 협력, 타협, 양보, 그리고 회피 등에서 나타나는 현상이다. 가족 간에 이러한 갈등을 적절히 해소하지 못하면 가족기업의 장점인 효율성은 여지없이 무너져버린다. 그러므로 가족기업 형태에서는 가족 간의 커뮤니케이션으로 이러매출이 급속히 신장되면서 전 세계로 퍼져 나갔다.

이러한 3M의 사례와 함께 세계 최대의 휴대폰 기업인 핀란드의 노키아와 항공업계의 황제인 보잉사가 처음 창업할 때는 목재회사였고, 아메리칸익스프레스사는 서부개척시대에 역마차 사업을 했다는 사실은 기업의 진화를 단적으로 보여주는 사례라고 할 수 있다.

돌리고 조언을 구했다. 이 문의에 반응을 보인 것이 아트 프라이였다.

프라이는 교회의 성가대원으로서 주일마다 교회에서 노래를 부르고 있었는데, 주일이 되면 그날 부르기로 예정된 찬송가 페이지에 미리 종이쪽을 끼워두는 습관이 있었다. 그렇게 해둠으로써 다음에 부를 찬송가 페이지를 쉽게 펼칠 수 있기 때문이었다. 1974년의 어느 일요일, 프라이는 여느 때와 같이 찬송가를 부르고 있었다. 만일 종이쪽 서표에 풀칠이 되어 있다면 그것이 빠져 나가는 일은 없을 것이다. 게다가 찬송가의 페이지에 붙어 있다가 그것을 떼어낼 때 책장이 손상되지 않는 서표가 있으면 좋겠다는 생각이 퍼뜩 떠올랐다. 그래서 프라이는 당장 떼어낼 수 있는 서표의 개발에 착수했다.

이 순간적인 착상은 4년 동안이나 묻혀 있던 실버의 특이한 접착제가 다시 빛을 보게 되는 계기가 되었다. 프라이는 '쉽게 떼어지는 접착제'가 실버에 의해 발명되었다는 사실을 기억해냈다. 당시 이 이상한 특성을 지닌 접착제의 견본은 3M에 널리 배포되어 있었으므로 프라이는 이것을 이용할 수 있었다. 프라이는 찬송가 책갈피에 끼워두는 서표에 그 접착제를 이용하는 방법을 개발하기 시작했다. 몇 가지 시행착오를 거친 뒤, 3M은 포스트잇을 1981년부터 본격적으로 판매하기 시작했고 한 갈등 요소를 제거하는 것이 가장 중요하다. 대부분의 가족기업이 유산상속 때문에 망하는 것도 이 때문이다. 그래서 가족 중심의 조직에서는 '가족회의'가 꼭 필요하다.

프랑스 알자스 지방의 포도주 명가로 3백 년 이상의 전통을 지닌 '위겔 에 피스Hugel & Fils'에서는 매주 월요일 저녁 정확히 6시 정각에 이 회사에서 활동하는 모든 위겔 가족들이 한자리에 모인다고 한다. 이 모임에서 의견이 제시되고 견해차가 부각되는 것이다. 이때 모든 사람들은 지위, 나이, 성별, 세대를 가리지 않고 똑같은 자격으로 발언하며 양보와 타협으로 협력을 유도한다. 그래서 지금까지 잘 운영되고 있다는 것이다. 이렇게 가족 중심의 조직에서는 특히 커뮤니케이션이 중요하다. 그런데 오닐 가에서는 어떠했던가?

위기에 몰린 콘 오닐은 더블린으로 은신하여 패일이라는 영국보호지역에서 죽었고, 그의 아들 세인이 지위를 계승했다. 하지만 세인의 추종자들은 세인의 이복동생인 메튜를 살해했고, 세인 자신은 스코틀랜드 정착민을 파괴한 데 대한 보복으로 앤트림의 맥도넬에게 살해되었다. 마지막 '티론의 백작'인 휴 오닐은 살해된 메튜의 아들로서 콘 오닐의 손자였다.

휴 오닐은 엘리자베스 여왕의 세력에 대항하기 위해 전력을 투입했다. 그는 자신의 성의 지붕을 개조한다는 명분으로 납을 주문해서 이것을 총알의 재료로 사용하여 여왕에게 대항했다. 이 일은 마침내 1594년부터 1603년까지의 '9년 전쟁'을 일으켰고, 킨세일 전투에서 4천5백 명의 스페인 원군의 지원을 받았으나 결국 영국군에게 패배하여 영국왕에게 항복했다.

1607년에 오닐 족과 오도넬 족 등 90명의 얼스터 귀족들은 아일랜드를 영원히 떠나 유럽 대륙으로 도망갔다. '백작의 탈출'이라고 부르는 이 사건은 얼스터 지역이 영국의 식민통치를 받는 계기가 되었다. 아일랜드 북부의 조그만 어촌인 라스뮬란 항을 몰래 출발한 배는 스페인으로 머나먼 도피의 항해를 떠났다. 그들은 스페인에서 프랑스로, 프랑스에서 다시 네덜란드로 옮겨 갔으나 정착하기에 마땅하지 않아, 끝내는 배를 버리고 네덜란드에서 대륙의 육로를 따라 멀리 이탈리아로 향했다. 로리 오도넬이 1608년에, 휴 오닐이 1616년에 이탈리아의 로마에서 최후를 맞이하자 '백작의 탈출'은 결국 끝이 났다.

오닐 가의 최후를 상징하는 '백작의 탈출'도 결국은 시대의 흐름을 예측하지 못하고 현실에 안주하면서, 구성원 간의 갈등을 해소하지 못한 결과라 할 수 있다. 이후로 오닐 족과 귀족들이 버리고 떠났던 토지는 몰수되어 새로운 정착민들에게 재분배되었다. 영국은 플랜테이션제를 강화하여 원주민을 쫓아내고, 스코틀랜드 저지대의 주민들을 얼스터로 이주시켜 정착시키는 정책을 폈다.

이렇게 아일랜드에서 영국에 저항한 마지막 본거지가 바로 얼스터였으며, 아일랜드에서 얼스터 지역이 따로 떨어진 것도 그런 사연 때문이었다. 아일랜드가 독립국가로 새로 태어날 때 얼스터 지역은 따로 분리되었던 것이다. 이것이 아일랜드 사람들에게는 두고두고 한이 되었다. 그러나 얼스터의 아홉 개 주 모두가 영연방으로 들어간 것이 아니고, 여섯 개 주만 들어갔다.

그렇다면 얼스터의 주민들은 영연방에 편입된 것을 더 좋아했던가? 가톨릭을 믿는 일부 주민들은 극도로 반발했다. 그러나 오닐 가문이 망하고 '백작의 탈출'이 있은 뒤에 영국의 지배가 강화되면서 영국 국교를 믿는 잉글랜드 사람들 다수가 이민으로 들어왔고, 선진한 영국 문화가 유입되어 산업혁명이 일찍이 수행되었기 때문에 남부지역보다 소득이 월등하게 높았다. 이러한 조건이 아일랜드의 다른 지역과의 또 다른 갈등의 원인이 되었다.

그것은 영국의 식민지 정책에서 기인한 것이었지만, 결정적으로는 1845년부터 7년간 계속된 감자 대기근 때문이었다. 1845년 아일랜드의 서남부에서 발생한 감자 잎마름병은 게일

북아일랜드 얼스터 지방기1

북아일랜드 지방기2

출처: Marcus Scharrer, Symbols as an Important Feature of 'The Troubles' in Northern Ireland.

어 사용 지역에 집중적으로 번져 온 들판의 감자를 마르게 했고, 수많은 사람들이 굶어 죽고 전염병이 번졌다. 참혹한 대기근은 7년간 계속되어 1851년에 끝이 났다. 1845년에 8백만 명이던 아일랜드 인구는 6백만 명으로 줄었다. 1백만 명의 인구는 굶주려서 죽었고, 1백만 명의 인구는 낡은 배에 몸을 싣고 영국, 호주, 캐나다 그리고 미국으로 떠났다. 이때 불렸던 노래가 그 유명한 「아, 목동아!O, Danny Boy」이다.

옆에 있는 두 개의 그림을 한번 보자.

위의 그림은 과거의 북아일랜드 정부기이다. 이것은 지금도 여전히 북아일랜드를 나타내는 실질적인 국기로 통하고 있다. 얼스터 럭비 팀 등 일부 조직에서는 지금도 이 기를 북아일랜드의 국기로 사용하고 있다. 이 기를 보면 가운데 붉은 손은 전통적인 오닐 가의 붉은 손이고 여기에 십자가가 더해져 있다.

위쪽 기와 아래쪽 기가 어느 부분이 다른지 찾아보자. 붉은 오른손은 마찬가지인데 아래쪽 기에는 방패 대신에 다윗의 별 위에 왕관이 얹혀져 있다. 여기에서 다윗의 별은 영연방에 포함된 북아일랜드의 여섯 개의 카운티를 나타내며, 왕관은 영국의 지배 아래에 있음을 의미한다. 그리고 좀 더 자세히 손의 모양을 보면 위쪽 그림은 다른 네 손가락과 엄지손가락이 붙어 있는 데 비해, 아래쪽 그림에는 엄지손가락이 떨어져 있는 것을 볼 수 있다. 이것은 위쪽이 전통적인 얼스터의 아홉 카운티가 뭉쳐진 모습을 상징하는 데 비해, 아래쪽은 여섯 개 카운티가 아일랜드에서 분리되어 영연방에 들어간 것을 나타낸다. 분리주의자와 통합주의자가 갈등하고 있는 모습이 훤히 보이는 듯하다.

같은 언어를 쓰고 같은 역사를 가지면서 이렇게 분단된 아일랜드는 분리의 아픔을 국기에 새기고 있다. 아일랜드의 국기는 초록색과 흰색 그리고 주황색이 세로로 3등분된 것이다. 이 세 가지 색이 상징하는 것은, 초록색은 가톨릭으로 아일랜드를 상징하고, 주황색은 북아일랜드를 상징하며, 흰색은 이 둘의 화합을 상징한다. 이것만 보아도 아일랜드 사람들이 얼마나 간절히 통일을 염원하는지 잘 알 수 있다.

형제간의 단합은 가족기업 또는 가문의 유지에서 결정적 역할을 한다. 로스차일드 가문의 창업자 마이어 암셀 로스차일드는 아들 다섯과 딸 다섯을 두었다. 그는 눈을 감으면서 다섯 아들에게 옛날 스키타이 왕의 이야기를 들려주며 '묶여 있는 다섯 개의 화살'처럼 흩어지지 말고 힘을 합쳐 가업을 발전시키라고 일렀다. 그리고 "돈이야말로 유태인을 구원하는 단 하나의 무기라는 것을 늘 명심하여라. 만일 아버지로서의 내 바람에 거역하여 아들들이 사업경영을 평온하게 계속하지 못하는 사태가 발생한다면, 나는 내 아들이라 할지라도 결코 용서할 수 없다"는 유언을 남긴다.

마이어 암셀은 아들들에게 로스차일드라는 이름의 자부심을 심어주고, 형제간의 사랑이 약해진다면 그들 사이에 공통되는 이익을 추구함으로써 결속을 강화할 수 있도록 가족회사 경영을 지시한 것이다. 이 다섯 아들들은, 장남은 프랑크푸르트의 암셀 마이어, 차남은 빈의 잘로몬 마이어, 3남은 런던의 네이선 마이어, 4남은 나폴리의 칼 마이어, 5남은 파리의 야콥 마이어로서 마치 다섯 개의 화살처럼 세계로 흩어져 금융왕국을 이루었으나 그들은 결코 서로를 향해 화살을 겨누지 않았다. 이들은 당시 런던과 파리, 프랑크푸르트, 빈, 나폴리에서 사업을 하면서 각국의 필요한 정보를 서로 끊임없이 주고받았다.

'묶여 있는 다섯 개의 화살'을 그린 로스차일드 가문의 자랑스러운 문장은 화살 방향이 각각 아래와 위로 향하고 있다. 이것은 서로가 화살을 겨누지 않는다는 것을 의미한다. 형제간에 서로 다투지 않는 로스차일드의 이러한 전통은 오늘날까지도 이어져오고 있다.

반면에, 시대적 큰 흐름을 모르고 쾌락에 안주한 경우외 에로 중세 유럽에 르네상스를 일으킨 메디치 가의 흥망을 들 수 있다. 이 가문에서 손댄 사업으로는 비단과 모직 옷감을 생산하는 대규모 직물제조 사업, 알루미늄 광산 개발을 비롯하여 각종 광업, 밀라노, 로마, 피사, 베네치아, 아비뇽, 제네바, 런던에 있는 사업소와 서부 유럽, 중동, 북부 아프리카에 산재한 대리점들을 통한 해외 무역업, 인도 서부에서 벌인 거액 대출 및 보험, 벤쳐 캐피탈에 이르는 당시 최대 규모이자 가장 파격적인 금융 서비스업 등이었다. 메디치 가에서 다룬 이러한 상품들은 그 당시의 '블루 오션'으로, 이윤이 많고 독점적인 것이라 할 수 있다.

그러나 처음 출발부터 당시의 정치적 실권을 잡고 있던 교회 및 권력과 결탁했던 메디치 은행은 군주들에게 돈을 빌려주지 않을 수 없었다. 결국 15세기 말에 파산하게 되었고, 호화의 극치를 누린 메디치 가문은 코지모 1세부터 기울어져 코지모 3세 대에 이르러 막을 내린다. 메디치 가문이 망한 이유를 자세히 살펴보면, 첫째는 중세 유럽의 상권이 지중해를 벗어나 대서양으로 흐르고 있었던 큰 흐름을 몰랐던 것이고, 또 하나는 사치와 허영, 엽기적인 쾌락과 만용 그리고 자만으로 몰락의 길로 접어들었기 때문이다.

긴장하지 않으면 죽는다. 부산에서 서울까지 횟감을 실어 나를 때는, 물고기를 싱싱하게 운반하기 위해 수족관 차에 물고기가 싫어하는 문어나 낙지 등을 몇 마리 넣어둔다고 한다. 문어나 낙지에 먹히지 않으려고 물고기들이 이리저리 움직이며 긴장한 탓에 서울에 도착했을 때도 싱싱한 채로 있다는 것이다. 반면, 이러한 위협꾼 없이 편안한 상태로 운반하면 긴장을 늦추게 되어 맥이 빠져 서울에 도착하자마자 죽어버린다고 한다. 부자가 망하는 원인은 바로 이렇게 긴장을 늦추고 새로운 도전을 포기하기 때문이다.

일찍이 '경영학적 사고의 틀'을 제시한 경영학자 윤석철은 『경영학의 진리체계』에서 약 5억3천만 년 전부터 생존경쟁에서 살아남은 어류들의 네 가지 전략과 그들이 만들어낸 신체구조 유형을 다음과 같이 소개했다.

첫째 유형은, 자기를 잡아먹을 수 있는 강자나 자기가 먹을 수 있는 약자를 신속히 발견하기 위한 정보습득 전략이었다. 이 전략에 맞추어 개발된 신체구조는 다수의 눈을 보유하는 것이었고, 이러한 전략과 구조를 채택한 대표적 어류는 다섯 개의 눈을 가진 오파비니아^{Opabinia}였다.

둘째 유형은, 자기 몸을 단단한 껍질로 둘러싸는 방어 위주의 전략이었고, 이 유형의 전략과 신체구조를 선택한 대표적 어류는 단단한 등딱지를 지닌 삼엽충^{Trilobites}이다.

셋째 유형은, 방어와 동시에 공격도 할 수 있도록 등에 날카로운 가시를 채택한 전략이었는데, 대표적 어류로 할루시제니아Hallucigenia, 위왁시아Wiwaxia 등이 있다.

넷째 유형은, 적을 만나면 신속히 피하고 먹이를 보면 민첩하게 잡을 수 있도록 유연성을 확보하는 전략이었고, 이 전략에 맞추어 채택된 신체구조는 머리 밑에서 꼬리에 이르는 척삭脊索, 척수의 아래를 종주하는 연골로 이루어진 막대 모양의 물질이었다. 유연성 전략과 척삭근 구조를 채택한 대표적 어류가 피카이아Pikaia였다. 피카이아는 훗날 강을 따라 올라와 민물 속에서 살다가 급기야는 육지로 상륙하여 진화의 선두주자가 되었다.

이러한 물고기의 진화과정은 오닐 가의 스토리를 연상시킨다. 오닐 가의 영광은 '백작의 탈출'로 일단 끝이 났다. 일단은 끝이 났다고 볼 수 있지만 이 가문이 완전히 망한 것으로 단정지을 수는 없다. 그들은 새로운 환경을 맞아 새로운 낙토를 찾으려고 진화하면서 신체구조를 바꾸고 있는 중인지도 모른다. 잠시 역사의 뒤편에서 쉬면서 다시 진화의 기회를 찾고 있을 뿐이다. 언젠가 조상의 위대한 정신을 일깨우는 영웅적 후손이 나오면 다시 한 번 일어날 것이다.

오닐 가의 후손은 크게 네 계열이 있다. 티론 계열, 클래나보이 계열, 세인 계열 그리고 트로막 계열이다. 이 후손들은 지금도 여러 영역에서 두각을 나타내면서 조용히 때를 기다리고 있다.

지금은 중공업에 주력하고 있는 110년 역사의 두산은 포목상에서 출발하여 주류를 거쳐 변신에 변신을 거듭해왔으며, 상회·모직·설탕에서 출발한 삼성은 세계 최대의 전자회사로 변신했다. 구리무크림와 치약을 만들던 럭키와 라디오를 만들던 금성사는 글로벌 기업 LG로 변신했고, 쌀가게에서 출발한 현대는 자동차·기계·조선·전자 부문에서 세계 굴지의 기업으로 성장했으며, 직물업에서 출발한 선경은 에너지·화학·정보통신·생명산업으로 변신한 SK가 되었다.

이처럼 시대의 변화에 적극적으로 대응하며 끝없는 피드백을 거치면서 빠른 속도로 변신해온 수많은 위대한 기업들처럼, 오닐 가 또한 새로운 시대를 맞아 발전과 진화를 거듭하여 새로운 모습으로 다시 태어나기를 기대해본다.

참고자료

구자경, 『오직 이 길밖에 없다』, 행림출판, 1992.

김종권, 『명가의 가훈』, 명문당, 1997.

김종래, 『CEO 칭기스칸』, 삼성경제연구소, 2006.

김종욱 · 하연욱, 『한국 유명인의 가훈사전』, 동반인, 1999.

김형효, 『마음 혁명』, 살림, 2007.

남영호 · 박근서, 『가족기업론』, 청목출판사, 2006.

남회근, 『주역강의』, 문예출판사, 1998.

데릭 윌슨, 『로스차일드』, 동서문화사, 2005.

데틀레프 귀르틀러, 『이야기로 읽는 부의 세계사』, 웅진지식하우스, 2005.

돈 소더퀴스트, 『비전으로 이끌고 열정으로 승리하라』, 베이스캠프, 2007.

라이오넬 카슨, 『고대의 배와 항해 이야기』, 가람기획, 2001.

론다 번, 『시크릿』, 살림, 2007.

레스터 서로우, 『세계화 이후의 부의 지배』, 청림출판, 2005.

루츠 붕크, 『역사와 배』, 해냄, 2006.

무타 가쿠, 『오너 사장학』, 일빛, 2004.

박우룡, 『영국-지역 · 사회 · 문화의 이해』, 소나무, 2002.

박지향, 『슬픈 아일랜드』, 기파랑, 2008.

볼프 슈나이더, 『위대한 패배자』, 을유문화사, 2005.

빌 게이츠, 『빌 게이츠 @ 생각의 속도』, 청림출판, 1999.

삼성경제연구소, 『호암의 경영철학』, 중앙일보사, 1989.

서두칠 · 한국전기초자사람들, 『우리는 기적이라 말하지 않는다』, 김영사, 2001.

서울신문사 산업부, 『재벌가 맥』(상, 하), 무한, 2005.

신유근, 『한국 장수기업의 성공사례-삼양사 기업경영사 연구』, 서울대학교출판부, 2007.

안지추, 『안씨가훈』, 푸른역사, 2007.

앨런 판함, 『위대한 성공 신화』, 크림슨, 2004.

앨빈 토플러, 『권력이동』, 한국경제신문사, 1990.

에릭 바인하커, 『부의 기원』, 랜덤하우스코리아, 2007.

여준상, 『회사의 운명을 바꾸는 역발상 마케팅』, 원앤원북스, 2004.

우베 장 호이저·존 융클라우센, 『신화가 된 기업가들』, 지식의숲, 2005.

윌리엄 버틀러 예이츠, 『켈트의 여명』, 펭귄클래식코리아, 2008.

윌리엄 오하라, 『세계 장수 기업, 세기를 뛰어넘은 성공』, 예지, 2007.

유상우, 『부자가 되는 뇌의 비밀』, 21세기북스, 2004.

윤석철, 『경영학의 진리체계』, 경문사, 2001.

이규태, 『대산 신용호』, 교보문고, 2004.

이근 등, 『기업 간 추격의 경제학』, 21세기북스, 2008.

이나모리 가즈오, 『카르마 경영』, 서돌, 2005.

이노우에 아쓰오, 『일본의 제일부자 손정의』, 김영사, 2006.

이승한, 『창조 바이러스 H2C』, 랜덤하우스코리아, 2009.

이승호, 『이승호 교수의 아일랜드 여행 지도』, 푸른길, 2005.

이어령, 『세계문장대백과사전2』, 삼중당, 1971.

이호, 『정직한 경영인 이동찬』, 올림, 2006.

일연, 『삼국유사』, 을유문화사, 2002.

장승규, 『존경받는 기업 발렌베리가의 신화』, 새로운제안, 2006.

장영광, 『경영분석』(제2판), 무역경영사, 2005.

전진문, 『경주 최 부잣집 300년 부의 비밀』, 황금가지, 2004.

정주영, 『시련은 있어도 실패는 없다』, 제삼기획, 1991.

주강현, 『왼손과 오른손』, 시공사, 2002.

진 랜드럼, 『기업의 천재들』, 말글빛냄, 2006.

최영순, 『경세사 오디세이』, 부키, 2002.

케빈 케네디·메리 무어, 『100년 기업의 조건』, 한스미디어, 2004.

케서린 폰더, 『부의 법칙』, 국일미디어, 2003.

크리스토퍼 하버트, 『메디치 가 이야기』, 생각의나무, 2001.

타임라이프 북스, 『유럽의 정복자 켈트 족』, 가람기획, 2004.
패트리샤 레비, 『아일랜드』, 휘슬러, 2005.
프랭크 웹스터, 『정보사회이론』, 나남, 1997.
프리더 라욱스만, 『세상을 바꾼 어리석은 생각들』, 말글빛냄, 2008.
한스 외르크 바우어 · 베른트 할리어, 『상거래의 역사』, 삼진기획, 2003.
한일동, 『아일랜드』, 동인, 2008.
황이석, 『CFO 강의노트』(제2판), 서울경제경영, 2007.

Arthur McKeown, *The Red Hand Of Ulster*, Publishing Ulster, 2005.
B. W. DeCourcy, *A Genealogical History of the Milesian Families of Ireland*, Irish Genealogical Foundation, 2002.
Carmel McCaffrey · Leo Eaton, *In Search of Ancient Ireland*, Ivan R. Dee, Publisher, 2003.
Catherine Daly-Weir, *Coat of Arms*, Grosset & Dunlap, 2000.
McMurdo, B. Ps., The Hated Red hand, www.ensignmessage.com/archives/redhand.html
Marcus Scharrer, Symbols as an Important Feature of 'The Troubles' in Northern Ireland, Report of the Excursion of the Institut für Anglistik und Amerikanistik of the University of Potsdam to Northern Ireland 07-14 September 2000.
Michael C. O'Laughlin, *The Irish Book of Arms*, Irish Genealogical Foundation, 2001.
_____, *The Book of Irish Families Great & Small, 3rd Ed.*, Irish Genealogical Foundation, 2002.
http://en.wikipedia.org/wiki/Red_Hand_of_Ulster
http://major-smolinski.com/redhand.html
www.araltas.com/features/oneill/
http://www.roootsweb.ancestry.com/~fianna/history/milesian.html